Martin Meiser
Judas Iskariot

Biblische Gestalten

Herausgegeben von
Christfried Böttrich und Rüdiger Lux

Band 10

EVANGELISCHE VERLAGSANSTALT
Leipzig

Martin Meiser

Judas Iskariot

Einer von uns

EVANGELISCHE VERLAGSANSTALT
Leipzig

Die Deutsche Bibliothek – Bibliographische Informationen

Die Deutsche Bibliothek verzeichnet diese Publikation in der Deutschen Nationalbibliographie; detaillierte bibliographische Daten sind im Internet über <http://dnb.ddb.de> abrufbar.

© 2004 by Evangelische Verlagsanstalt GmbH, Leipzig
Alle Rechte vorbehalten
Printed in Germany · H 6936
Gedruckt auf alterungsbeständigem Papier
Umschlaggestaltung: behnelux gestaltung, Halle/Saale
Gesamtherstellung: druckhaus köthen GmbH

ISBN 3-374-02215-4
www.eva-leipzig.de

INHALT

VORWORT

Judas Iskariot ist eine der biblischen Gestalten, bei denen im besonderen Maße die Erfahrung gilt: Je weniger die Bibel über sie berichtet, um so mehr wird aus freien Stücken ergänzt. Dementsprechend lässt sich eine Deutung dieser Figur ganz verschiedenen Zwecken dienstbar machen, kann als Argument für oder vor allem gegen gewisse Überzeugungen gebraucht – und auch *miss*braucht werden. Doch wer war dieser Prototyp des Verräters, des Denunzianten, des Sünders, des Verzweifelten wirklich?

Historisch-kritische Bibelauslegung wird zu vielen Fragen keine eindeutigen und endgültigen Antworten formulieren können. Zweifellos lässt sich historisch die Gestalt des Judas nicht verstehen ohne Bezugnahme auf die Gestalt des Jesus von Nazareth.

Für die Evangelisten war Judas tendenziell allgegenwärtig in der eigenen kirchlichen Situation. Ihr Judasbild ist selbst bereits Teil der beginnenden Wirkungsgeschichte dieser biblischen Gestalt.

Diese Wirkungsgeschichte hatte vor allem in der Zeit vor der Aufklärung problematische Züge. Das Urteil über Judas stand fest. Schon früh bemächtigte sich die Phantasie seiner. Sie nährt das Vorurteil und wird ihrerseits genährt durch Bibelauslegung in den damals üblichen Formen. Judas wurde zum Adressaten des symbolischen, die Juden wurden zum Adressaten des realen Hasses.

Judas wurde aber nicht nur als das Böse des anderen, sondern auch als das potentielle Böse in der eigenen Person wahrgenommen. Seit den Tagen der altkirchlichen Bibelausleger ist die Jüngerfrage »Herr, bin ich's?« die Frage nach der eigenen Gefährdung.

Diese Züge vorneuzeitlicher Judasrezeption haben ihre Aktualität bis heute bewahrt. An sie gilt es ebenfalls zu erinnern.

In der Neuzeit wird der allgemeine Typus zum einzelnen Individuum, der Außenseiter zur positiven Identifikationsfigur, das Objekt kirchlicher Selbstsicherheit zum Katalysator der Kirchenkritik. Zugleich bleibt aber auch die Tradition der Negativwertung lebendig – und muss es bleiben, solange die Erinnerung an die Opfer von Denunziation nicht untergehen soll.

Frau Dr. Weidhas sowie Frau Neijenhuis danke ich sehr für die gute Zusammenarbeit, für die Umschlaggestaltung danke ich Herrn Matthias Behne und Herrn Friedrich Lux, den Mitarbeiterinnen und Mitarbeitern der Evangelischen Verlagsanstalt sowie dem druckhaus köthen danke ich für die vorzügliche Herstellung des Bandes.

Nürnberg-Boxdorf, im Juli 2004   Martin Meiser

A. EINFÜHRUNG

1. Der Horizont des Themas

Eine einzige Tat ist es, die den Namen »Judas« im christlichen Kulturkreis bis heute zu einem Schimpfnamen gemacht hat, und wenn ohne weiteren Zusatz von »Judas« die Rede ist, dann ist immer derselbe gemeint: derjenige aus dem Kreis der Zwölf, der bei der Verhaftung Jesu von Nazareth auf Seiten der Gegner erscheint.

Der Name »Judas« ruft in jedem von uns ganz verschiedene Assoziationen hervor. Sie bilden den Horizont, in dem wir das Thema »Judas« stets bedenken müssen. Die fünf wichtigsten seien genannt.

1. Eine der möglichen Assoziationen ist das Erschrecken darüber, wozu der Mensch fähig ist. Gerade der sog. »Judaskuss« gilt als Symbol schlimmsten Vertrauensbruchs. Der Name »Judas« ist bis heute mit so negativen Assoziationen besetzt, »daß das deutsche Namensgebungsgesetz eine solche Benennung eines Kindes um seines eigenen Schutzes willen untersagt«.[1] Judas ist als Prototyp des »Verräters« wahrgenommen, wenn Personen der Geschichte mit ihm verglichen werden. In der Reformationszeit wurde Moritz von Sachsen wegen seines zweimaligen Frontwechsels hin zur Partei der Romtreuen und wieder zurück als »Judas von Meißen« bezeichnet. Der Buchtitel *Judasfrauen* thematisiert Fälle von Denunziation durch Frauen während der Zeit der nationalsozialistischen Gewaltherrschaft;[2] eine Lebensbeschreibung des später als

---

1 W. Fenske, Judas, 66.
2 H. Schubert, Judasfrauen. Zehn Fallgeschichten weiblicher Denunziation im Dritten Reich, Frankfurt 1990.

IM des Staatssicherheitsdienstes enttarnten Ibrahim Böhme erschien unter dem Obertitel *Genosse Judas*,[3] und das Erscheinen der Arbeit *Judas Ischarioth* von Werner Vogler verzögerte sich, weil die damaligen DDR-Zensurbehörden die Vermutung hatten, dass das Buch in Wahrheit eine Darstellung des Denunziantentums innerhalb der Kirchen im Auge hatte.[4]

Allerdings ist dieses Erschrecken über die Möglichkeit menschlichen Versagens nicht nur Anlass, auf die Verfehlungen anderer Menschen hinzuweisen. Zur Geschichte christlichen Sündenbewusstseins gehört Johann Sebastian Bachs »Ich bin's, ich sollte büßen« aus der Matthäuspassion untrennbar hinzu. Bachs Auslegung ist aber kein Einzelfall. Andrea del Sarto (1486–1530) hat in seiner Abendmahlsdarstellung (Abb. 1) Judas einen Doppelgänger beigegeben und auf die damals übliche Ausgrenzung und Degradierung des Judas verzichtet, »woran deutlich zu werden vermag, dass in jedem Mahlsteilnehmer wie in jedem Bildbetrachter das Gute oder das Böse stecken könnte«.[5]

2. Der Name »Judas« erinnert an Irritationen, die das Christentum (auch in uns selbst) auslöst: »Brauchte Gott den Verräter?«[6] Brauchte Gott den Kreuzestod Jesu von Nazareth, um die Menschen zu erlösen?[7] Wa-

---

3 BIRGIT LAHANN, Genosse Judas. Die zwei Leben des Ibrahim Böhme, Berlin 1992.

4 Mitteilung bei C. BÖTTRICH, Judas, 34, mit Anm 6.

5 B. MONSTADT, Judas, 299.

6 So die Titelformulierung des Buches von W. FENSKE.

7 TILMAN MOSER hat diese Irritationen in eindrücklichen Worten zusammengefasst: »... wiederum habe ich versucht, auf allgemeine Aufforderung hin, dich anzustaunen, weil du für mich armen Sünder deinen einzigen Sohn geopfert hast. Das macht natürlich Eindruck: Wie schlecht muß ich sein, daß es einer solchen Inszenierung bedarf, um mich zu erlösen! Seltsam, seltsam – keiner von den Predigern hat je Verdacht ge-

Abb. 1: Andrea del Sarto, Abendmahl, Florenz, S. Salvi,
Refektorium, (Padovani, Serena, Meloni Trkulja, Silvia,
Il cenacolo di Andrea del Sarto a San Salvi. Guida del Museo,
Firenze 1982, pl. 22). Judas sitzt vom Betrachter aus gesehen
links neben dem in der Bildmitte positionierten Jesus,
sein Doppelgänger ist die zweite Figur von rechts

rum hat Gott nicht zugunsten von Jesus *und* von Judas
eingegriffen? War Judas frei zu seiner Tat oder nicht?
Wenn Gott die Tat vorher gewusst hat, warum hat er
sie nicht verhindert? Hat Jesus seinen Jünger absicht-
lich ins Verderben geraten lassen?

Fragen dieser Art standen schon den denkenden
Menschen der Spätantike vor Augen, wie der Prediger

---

schöpft, daß vielleicht nicht mit uns, sondern mit dir etwas
nicht stimmt, wenn du vor lauter Menschenliebe deinen
Sohn schlachten lassen mußtest. Und uns gibst du ihn dann
zu trinken und zu essen, wie es heißt, zur Versöhnung.« (TIL-
MANN MOSER, Gottesvergiftung, st 533, Frankfurt (Main)
1976, 20 f.).

von Konstantinopel und Kirchenlehrer Johannes Chrysostomus (340–407 n. Chr.) bezeugt:

»Aber mich könnte jemand fragen: wenn es nun geschrieben steht, daß Christus das leiden soll, weshalb macht er dem Judas Vorwürfe? Der tat doch nur, was geschrieben stand. – Freilich, aber ihn leitete nicht diese Absicht, sondern seine Bosheit.

Wenn man die Absicht aus dem Auge läßt, wird man sogar den Teufel von der Schuld freisprechen müssen. – Indessen steht die Sache nicht so, durchaus nicht. Der eine wie der andere hat jede erdenkliche Strafe verdient, obwohl die Welt erlöst wurde. Denn nicht der Verrat des Judas hat die Erlösung bewirkt, sondern Christi Weisheit und die Kunst seiner Vorsehung, indem er sich der Bosheit der Menschen bediente, um uns zu retten.

Wie aber, sagst du, hätte ihn nicht Judas verraten, würde es dann nicht ein anderer getan haben ... wenn Christus gekreuzigt werden sollte, so mußte es doch durch jemanden geschehen, und wenn schon durch jemand, dann nur durch einen so ruchlosen Menschen. Wären alle gut gewesen, dann wären die Veranstaltungen zu unserer Erlösung vereitelt worden. – Keineswegs. Der Allweise hätte schon unser Heil zu bewerkstelligen gewußt, auch wenn dem so gewesen wäre; seine Weisheit ist reich und unerschöpflich an Mitteln. Eben deswegen spricht er sein »Wehe« über den Menschen, damit ja niemand meine, er habe dem Erlösungswerk einen Dienst geleistet.

Indessen wieder wendet jemand ein: Wenn es gut gewesen wäre, daß er nicht geboren würde, weshalb ließ es denn Gott zu, daß er und die anderen Bösen auf die Welt kamen? – Du solltest die Bösen tadeln, daß sie böse geworden sind, trotzdem es in ihrer Macht lag, es nicht zu werden; indessen kümmerst und sorgst du dich um das, was Gott gefällt. Du mußt doch wissen, daß niemand genötigt wird, schlecht zu werden.

Aber es hätten nur Gute geboren werden sollen, erwiderst du, und die Hölle wäre nicht notwendig noch auch Strafe und Qualen, und es gäbe keine Spur von Schlechtigkeit. Böse sollten gar keine geboren werden, oder sie sollten wenigstens augenblicklich wieder sterben – Zunächst muß ich dir das Wort des Apostels entgegenhalten: ›O Mensch, wer bist du, daß du haderst mit Gott? Wird wohl das Gebilde sagen zu seinem Bildner: Warum hast du mich so gemacht?‹ Verlangst du aber eine Erklärung, so möchte ich sage, daß man die Guten mehr bewundert, wenn sie mitten unter Bösen leben, und daß ihre Geduld und Tugendgröße gerade dadurch besonders ans Licht tritt. Du aber sprichst, als ob es keines Ringens und Kämpfens bedürfe«.[8]

Auch wenn uns nicht alle Antworten des Kirchenlehrers überzeugen, so zeigt der Text dennoch, wie manche uns aus der Neuzeit bekannte Fragen zur Person und zum Geschick des Judas nicht erst heute gestellt werden.

Diese Anfragen sind zumeist auch Gegenstand der Rezeption des Judasstoffes in moderner Literatur, die dadurch ihre Anfragen an das Christentum wie an die Institution Kirche abarbeitet und von daher das Handeln des Judas zumeist positiv beurteilt. Autoren wie Anatole France (1844–1924), Luise Rinser, Mario Pomilio und Walter Jens sind zu nennen, ebenso das populäre, 1971 entstandene Musical »Jesus Christ Superstar«. Gelegentlich wird auch in neuerer theologischer Literatur versucht, das Handeln des Judas als im Einklang mit dem Willen Jesu befindlich zu begreifen.[9]

3. Die neutestamentliche und nachneutestamentliche Darstellung der Judasgestalt ist auch einer der belastenden Faktoren für den jüdisch-christlichen Dialog. Seit Hilarius von Poitiers (um 400) und Augustin (354–430) wurde Judas immer wieder als Verkörperung des jüdischen Volkes schlechthin gesehen, das an Jesus Christus schuldig geworden sei.[10] Nach Augu-

---

8 JOHANNES CHRYSOSTOMUS, in Mt. hom. 81,2, PG 58, 732 (deutsche Übersetzung: Johannes Chrysostomus Baur, Johannes Chrysostomus, Kommentar zum Evangelium des Hl. Matthäus, Bibliothek der Kirchenväter (2. Aufl.) Bd. 27, Kempten, München 1916, 125 f.). Der Übersichtlichkeit halber habe ich zusätzliche Absätze gesetzt.

9 G. SCHWARZ, Jesus und Judas, 237; W. KLASSEN, Judas, 202–207. Nach B. DIECKMANN, Judas, 159, hat J. W. C. Vortmann schon 1835 solche Gedanken vertreten.

10 JOHANNES CHRYSOSTOMUS, hom. in Ac. 3, PG 60, 37, sieht das Geschehen von Apg 1,18 f. als Vorzeichen für die Katastrophe Jerusalems an.

stin repräsentiert Petrus die Kirche, Judas die Juden.[11] Was literarisch zumeist nur in eher beiläufigen Anmerkungen greifbar ist, wurde vor allem in Darstellungen hoch- und spätmittelalterlicher kirchlicher Kunst[12] wirksam, in der Judas oft mit den typischen Attributen des Juden dargestellt wird, und wo nur selten eine differenziertere Betrachtungsweise zu Tage tritt. Dem Betrachter wurde somit nahegelegt, von dem einen Judas auf alle Juden zu schließen. Diese Gleichsetzung prägte auch die Passionsspiele, unter deren Einfluss Christen gerade in der Karwoche sich immer wieder zu brutalen Ausschreitungen gegen Juden hinreißen ließen. Die Verbindung zwischen Judas und den Juden ist auch im antijüdischen Spätwerk Martin Luthers präsent[13] und hielt sich lange in beiden Konfessionen, wurde dann aber vor allem in der nationalsozialistischen Propaganda aufgegriffen.[14]

4. Die Tat des Judas und sein Lebensende (nach Mt 27,3–10) haben immer wieder zum Nachdenken über den Zusammenhang von Schuld und Versagen einerseits und Selbstmord andererseits geführt. In früherer Betrachtung wurden das Lebens*ende* des Judas und die Lebens*wende* des Petrus einander gegenübergestellt: Judas gibt sich verloren und ist dadurch (nach Meinung der früheren Christen!) verloren, Petrus findet den Weg zu Jesus zurück und wird von ihm wieder in sein Amt eingesetzt (Joh 21,18 f.). Moderner Literatur erwächst aus dem Suizid des Judas die Frage nach

---

11 AUGUSTIN, en. in Ps 108, 18,20, CC.SL 40, 1593.1596; DERS.,
    s. 152,10, PL 38, 824.
12 H. MACCOBY, Judas, 113, beobachtet das verstärkte Auftreten dieser Tendenz im 13. Jh. in Zentraleuropa, vor allem in Deutschland.
13 Hinweise bei B. DIECKMANN, Judas, 80.
14 B. DIECKMANN, Judas, 16.

16

dem Recht der traditionellen Rede von der unbegrenzten Liebe Gottes:

»Ein Gott, der behaupte, die Menschen erlösen zu wollen, indem er die Sünden aller auf sich nimmt, und der keine Lösungsmöglichkeit findet, auch die meinen zu tragen, ja, Gefallen an meinem Untergang zu finden scheint, damit jener Heilsplan erfüllt werde … Kommt Euch das nicht paradox vor?[15]

In der modernen theologischen Literatur wird darauf verzichtet, Judas die endgültige Verdammnis zuzuschreiben, aus der Einsicht heraus, dass die Macht der Gnade größer ist als die Macht der Sünde,[16] und dass ein solches Urteil einen unzulässigen Eingriff in die Entscheidungsfreiheit Gottes darstellt.[17] Doch bleibt die Gegenüberstellung zwischen Petrus und Judas in anderer Weise aktuell: »Während Judas verzweifelt bis zum bitteren Ende (dem Selbstmord) an sich selbst festhält, gibt sich Petrus hin in verzweifeltes Weinen (Mt 26,75). Der Unterschied ist die Verletzbarkeit, eine Verwundbarkeit, die Petrus für ein neues Leben empfänglich macht, während Judas einen Bogen um sich selbst macht, um nicht durch das Gute getroffen zu werden.«[18]

5. Die Gestalt des Judas steht zusammen mit anderen Gestalten in alter und neuer Zeit für die Faszination tieferer Rationalität, die in die Faszination des Subversiven umschlägt. Zumindest nach der Polemik großkirchlicher Autoren wird Judas bei diversen gnostischen Gruppen in positiver Weise erwähnt. Die Gnosis war eine vor allem ab dem 2. Jh. bis ins 4. Jh. blühen-

---

15 M. Pomilio, Das fünfte Evangelium (1975), Salzburg 1977, 302.

16 H. Gollwitzer, Krummes Holz, 283.

17 H.-J. Klauck, Judas der ›Verräter‹?, 735; H. Wagner, Judas, 30.

18 S. Bjerg, Judas, 50.

de religiöse Bewegung, in der Erlösung wesentlich verstanden wird als Wissen des Menschen um die Antwort auf die Grundfragen nach der Entstehung der materiellen Welt und vor allem nach der Ursache des Bösen. Die Antwort wird meist in größeren Lehrsystemen gegeben, innerhalb deren griechisch-mythologische, biblische und gelegentlich auch persische Traditionselemente in neu interpretierter Weise wiederkehren. Die Grundidee ist: Es gibt das göttliche Lichtreich und daneben das Reich gegengöttlicher Mächte, auf die die Schöpfung dieser Erde und auch die Erschaffung der materiellen Teile des Menschen (Körper und Seele, soweit sie für Begierden anfällig sind) zurückgeführt wird. Ohne ihr Wissen jedoch ist den Menschen aus dem Lichtreich ein göttlicher Lichtfunke eingepflanzt, d. h., der geistige Teil im Menschen ist von göttlicher Herkunft und wird auch wieder in das Lichtreich eingehen. Die Erkenntnis dieser Zusammenhänge ist für den Menschen Erlösung, die er in einem sittlich guten Leben (zumeist in sexueller Askese) bewähren muss. In christlicher Gnosis ist Christus derjenige, der diese Erkenntnisse vermittelt und die göttlichen Lichtfunken im Menschen wieder ins Lichtreich bringt.

Innerhalb solcher Systeme scheint es ursprünglich die Funktion des Judas gewesen zu sein, das Erlösungswerk in Gang zu bringen gegen den Widerstand der Weltmächte, die die Erlösung der Menschen vereiteln wollen. Einen Schritt weiter in Richtung des Subversiven gehen die später so genannten Kainiten in ihrem Judas-Evangelium. Einige seiner Inhalte referiert der altkirchliche Theologe Irenäus (ca. 145 bis ca. 200 n. Chr.) wie folgt: Kain (Gen 4) stamme von einer oberen Macht ab, Esau, Kora (Num 16) und die Sodomiten (vgl. Gen 19) seien ihrer gnostischen Gruppe geistesverwandt, und Judas allein »habe die Wahrheit erkannt und das Geheimnis des Verrats vollendet; er habe alles Irdische und Himmlische getrennt« (Irenäus, haer. 1,31,1), d. h. durch seine Tat die in Tod und Auferstehung Jesu beginnende Scheidung des göttlichen immateriellen Lichtes von dem Materiellen initiiert. Andere Gnostiker gehen noch weiter: Judas durchschaut, dass Christus die Wahrheit verkehrt hat, und betreibt aktiv seine Vernichtung.[19]

Als Verkörperung der Faszination des Subversiven begegnet Judas wieder in der heutigen Musikszene: Dort erscheinen einige auf Judas bezogene Titel (vgl. den Titel »Judas Christ« der schwedischen Band »Tiamat« oder den Titel »Judas, be my guide« von Iron Maiden)[20] und eine bekannte Band führt den Namen in ihrer Selbstbezeichnung (»Judas priest«).

2. Die Quellen

Was wissen wir von Judas? Es gibt keine außerbiblischen, von den biblischen Darstellungen unabhängigen historisch verwertbaren Zeugnisse über ihn. In nachneutestamentlicher Literatur wird Judas erstmals in den Papiasfragmenten (um 140 n. Chr.) erwähnt. Das Fragment über den Tod des Judas durch

---

19 Hinweise und Stellenangaben bei H.-J. KLAUCK, Judas, 20 f. – Betont werden muss bei diesen Hinweisen auf gnostische Judas-Rezeption, dass die Darstellung der großkirchlichen Autoren in Sachen Judas nicht durch Originaltexte gedeckt ist. Der Name wird in den Nag-Hammadi-Codices überhaupt nicht erwähnt, in den Neutestamentlichen Apokryphen nicht in der von Irenäus beschriebenen Weise.

20 Weitere Hinweise bei W. FENSKE, Brauchte Gott den Verräter, 115.

eine schreckliche Krankheit zeigt, wie christliche Legende durch schriftgelehrte Arbeit und zugleich durch Adaption griechischer und jüdischer Erzählmodelle entsteht, und ist hinsichtlich seiner Wirkungsgeschichte von Interesse, kann aber vor allem im Hinblick auf Apg 1,15–20 nicht als Darstellung historisch verbürgten Wissens gelten. In nichtchristlicher Literatur wird Judas erstmals im ausgehenden 2. Jh. zum Gegenstand der Erörterung. Um 180 n. Chr. schreibt der griechische Philosoph Kelsos ein Buch gegen die Christen, benannt *Wahres Wort*; sein Werk kennen wir, weil es der Kirchenvater Origenes (180–254) in seiner Widerlegung ausführlich zitiert. Doch was Kelsos von Judas weiß, ist aus biblischen Traditionen genommen und enthält keine davon unabhängigen Traditionen.

Zunächst sind kurz die biblischen Zeugnisse über Judas Iskariot zu benennen:

- Judas als Mitglied des Jüngerkreises: Mk 3,19 (parr. Mt 10,4; Lk 6,16)
- Die Verhandlungen des Judas mit (einem Teil der) Oberen Israels: Mk 14,10 f. parr. Mt 26,14–16; Lk 22,3–6
- Die Aufdeckung seines Vorhabens durch Jesus: Mk 14,17–21 parr. Mt 26,21–25; Lk 22,21–23
- Judas bei der Gefangennahme Jesu: Mk 14,43–45 parr. Mt 26,47–50; Lk 22,47 f. sowie die Vorverweise Jesu darauf in Mk 14,42 par. Mt 26,46.

Teils innerhalb, teils außerhalb dieser Teilstücke haben die späteren Evangelisten eigene Akzente gesetzt; sie betreffen den Unglauben des Judas (Joh 6,64.70), seine Geldgier (Mt 26,14; Joh 12,6) und seine Verwerfung (Joh 17,12), den Lohn für seine Tat (Mt 26,15; 27,3–10), die Rolle Satans als die des Verführers (Lk 22,3; Joh 6,70; 13,2.27) sowie sein Lebensende (Mt 27,3–10 bzw. Apg 1,16–20).

Doch müssen wir auch bei den biblischen Texten unterscheiden zwischen dem Bild, das sie von einer bestimmten Person zeichnen, und dem, was sich als historisch einigermaßen gesichert erkennen lässt.

Neuere Forschung betrachtet die Evangelien als erzählende Texte. Diese scheinbar triviale Feststellung hat hinsichtlich beider sinntragender Wörter (»erzählende« und »Texte«) ihre bestimmte Bedeutung:

1. Texte bilden die »Wirklichkeit« nicht photographisch ab, sondern bieten einen Zugang zu ihr, der von einem oder höchstens von einigen wenigen Aspekten dominiert ist. Man kann sich den aspektorientierten Zugang von Texten an dem Vergleich einer Arztrechnung mit einem Befundbericht verdeutlichen. Beide sind dokumentarische Texte und beziehen sich auf denselben Vorgang, jedoch in verschiedener Weise: die Arztrechnung dokumentiert die Arbeitsleistung des Arztes, der Befundbericht das Ergebnis seiner Bemühungen.

Evangelientexte beschreiben die Bedeutung Jesu für den Kreis seiner Anhänger, der sich zunächst als Sondergruppe innerhalb Israels begreift und dann mehrheitlich außerhalb Israels seinen Platz findet. Dementsprechend treten in den Evangelien nur diejenigen Züge seiner Person, seines Wirkens und Lehrens hervor, die für die so beschriebene Gruppe wichtig sind; anderes interessiert überhaupt nicht (äußere Persönlichkeitsmerkmale) oder nicht mehr bzw. nur am Rande (Jesu Heranwachsen in der jüdischen Tradition).

2. Erzählende Texte sind Texte, die von Anfang bis Ende durchkomponiert sind und mit dem Anfang beginnend gelesen werden sollen. Wichtiger ist: Sie wollen ihren Leserinnen und Lesern eine Person vorstellen, die jenen möglicherweise unbekannt ist, oder ein Ereignis schildern, bei dem diese in aller Regel nicht

selbst beteiligt waren. Zu fragen ist daher stets: Warum müssen die Leserinnen und Leser nach der Meinung der Autorin oder des Autors das wissen, was ihnen erzählt wird? Ferner will die Autorin bzw. der Autor erreichen, dass die Leserinnen und Leser zu den im Text erwähnten Personen und Geschehnissen Stellung beziehen. Neuere Forschung fragt deshalb im Einzelnen, wie die Autoren diese Stellungnahme zu beeinflussen suchen. Die Bemerkung am Ende von Mk 3,19 »Der ihn auch dahingab« dient dann nicht nur dazu, die Identität des Genannten ins Gedächtnis zu rufen, sondern will zudem den Leser negativ gegen Judas einstimmen: Von dieser Gestalt wird er nichts Gutes mehr erwarten.

Das Markusevangelium gibt sich auch in der Darstellung des Judas als das älteste der uns bekannten Evangelien zu erkennen. Gerade bei seiner Lektüre gilt es zu beachten, dass vieles aus unserem geläufigen Judasbild nicht im Text steht! Wir müssen im Sinne historischen Verstehens, aber auch im Sinne des Gebotes »Du sollst kein falsch Zeugnis reden wider deinen Nächsten« uns davor hüten, dies stillschweigend aus der Lektüre der anderen Evangelien einzutragen. Denn das Judasbild des ältesten Evangeliums ist noch am wenigsten von den negativen Tendenzen geprägt, die das spätere kirchliche Judasbild bestimmt haben. Von einer Geldgier des Judas (die gegenteilige Behauptung Mt 26,15 ist wohl aus dem Versprechen der Hohenpriester Mk 14,11 erschlossen) und von den dreißig Silberlingen (Mt 26,15) oder einem Geldbetrag für den Acker (Apg 1,18) weiß das Markusevangelium ebenso wenig wie von dem Wirken des Satans in ihm (vgl. Lk 22,3) oder von seinem außergewöhnlichen Lebensende (vgl. Mt 27,3–10; Apg 1,15–26). Von daher liegt es nahe, bei der Suche nach dem, was als einigermaßen gesicherte Erkenntnis gelten kann, beim Markusevangelium einzusetzen.

Freilich sind auch Texte wie Mk 14,17–21 von theologischen Tendenzen geprägt und dürfen nicht unbesehen nach ihrem historischen Aussagewert befragt werden. Mk 14,21 konstatiert auf den ersten Blick die zum theologischen Nachdenken anregende Spannung zwischen Gottes Heilsratschluss und der Schuld von Menschen an Jesu Tod (über den genaueren Horizont s. u.), doch ist der Ablauf des Geschehens Mk 14,17–21 historisch nicht ohne weiteres vorstellbar: Warum wird der »Verräter« nicht explizit beim Namen genannt? Warum überlegen die Jünger nicht, wie das zu erwartende Geschehen vermieden werden könnte? So ist auch bei der Lektüre von Texten aus dem Markusevangelium grundsätzlich zuerst nach ihrer erzählerischen Tendenz zu fragen, in zweiter Linie dann nach einem möglichen historischen Informationswert.

Solche Zurückhaltung in der historischen Rückfrage geht freilich manchen nicht weit genug; sie erklären die Tat oder gar die Person des Judas zu einem Produkt bloßer schriftstellerischer Phantasie der Urgemeinde.[21] Hintergründe und Motive dieser Thesen sind recht unterschiedlich: Früher galt Judas als ungeschichtlich wie Jesus selbst, hervorgegangen aus der Übertragung von Zügen der Buddha-Legende auf Jesus. Bei anderen Autoren konnte Judas als Verkörperung des jüdischen Volkes oder gar Satans bezeichnet werden. Neuerdings wurde vermutet, Judas als »Verräter« sei eine literarische Fiktion der paulinischen Gemeinden, die sich damit kritisch von der auf eine

---

21   Vgl. die Angaben bei K. Lüthi, Judas Iskarioth, 121–133;
     W. Vogler, Judas, 11; für heute vgl. H. Maccoby, Judas,
     150–153.

reale Veränderung der politischen Verhältnisse zielenden Messiaserwartung der Jerusalemer Urgemeinde absetzen wollte: Judas der »Verräter« habe den von den Jerusalemern vorgesehenen »Prinz Judas« ersetzt.[22] Ernsthafte Diskussion verdienen die Thesen, die Gestalt des Judas sei aus dem Einfluss alttestamentlicher Weissagung in der evangelischen Geschichte entstanden, oder es solle der Gemeinde aus »religiös-praktischen, ästhetischen und psychologischen Gründen«[23] ein Spiegel möglichen Versagens vor Augen gehalten werden, sei es als Rückprojektion des Phänomens von Apostasie (Abfall vom Glauben)

---

22 H. Maccoby, Judas, 150–153. – Umgekehrt hat mit weitaus größerer methodischer Vorsicht O. Cullmann vermutet, die Angabe über zwei Personen im Jüngerkreis mit Namen Judas verdanke sich »der Verdoppelung einer und derselben Person, die bald Judas Iskariot, bald Judas zelotes, bald Judas« der Kananiter hieß (O. Cullmann, Der zwölfte Apostel, 218), dadurch bedingt, dass man den Beinamen Iskariot nicht mehr verstand. Prinzipiell ist das nicht auszuschließen, bleibt jedoch nicht mehr als bloße Vermutung.

23 M. Plath, Gemeinde, 185. Als Interessen der Überlieferung bestimmt sie: 1. Auch innerhalb der Heiligen muss noch die Spreu vom Weizen getrennt werden (181). »Im Interesse der späteren Kirche lag es, dieses Gefühl der Heilsunsicherheit immer in den Gläubigen lebendig zu erhalten: nur dann konnte sie als Helferin zum Heil ihre Macht über die Herzen bewahren.« (182) 2. Im Gegenüber zur Geschichte vom Schächer am Kreuz zeigt die Geschichte, dass es auch für die göttliche Barmherzigkeit eine Grenze gibt: auch die Reue des Judas vermag seine Seele nicht mehr zu retten. Ferner wird die Judasgestalt »zu einer drohenden Mahnung für jeden, der sich dem Tisch des Herrn naht«. Des Weiteren ermöglicht die Geschichte ehrlichen Haß gegen die Feinde und Verräter als Liebeserweis gegenüber Jesus für denjenigen, »dem es schwer werden würde, seine Liebe zum Herrn durch die Nachfolge in der von ihm geforderten Gesinnung der Sanftmut, Herzensreinheit, Friedfertigkeit zu betätigen« (183).

und Denunziation in die Zeit Jesu,[24] sei es als Produkt der Selbstabgrenzungsstrategie des Christentums vom Judentum.[25]

Ernstzunehmen ist die formgeschichtliche Einsicht, dass die Formung und Ausgestaltung der Judastraditionen sich Interessen der Überlieferung verdankt, wie sie auch in anderen Traditionen wirksam wurden. Motive der Schriftauslegung sowie erbauliche Motive haben vermutlich schon in der ältesten Passionsüberlieferung ihre Spuren hinterlassen, und die kritische Rückfrage nach dem geschichtlichen Kern der Judastraditionen kann nicht auf die Erörterung der Frage verzichten, wer was warum erzählt.

Doch bedeuten Formung und Ausgestaltung einer Tradition durch die Urgemeinde nicht in jedem Fall, dass die Urgemeinde diese Tradition ohne Anhalt an den geschichtlichen Ereignissen erst geschaffen hat. Die Zweifel an der Historizität der Judasgestalt sind insofern unbegründet, als die Benennung des Judas als »einer der Zwölf« (Mk 14,10.43) wohl kaum nachträglich von der Urgemeinde erfunden wurde. Man darf heutige Geistigkeit, geprägt durch das Anliegen der kritischen Selbstreflexion einer intellektuellen Elite, nicht unbesehen auf die Situation der ersten christlichen Gemeinde übertragen. Wenn Kelsos aus der Tatsache des »Verrates« Rückschlüsse auf die Minderwertigkeit der Person Jesu zieht,[26] beleuchtet das weitaus eher das geistige Klima, innerhalb dessen die frühe christliche Gemeinde ihre eigene Geschichte bewältigen musste. In dieser Hinsicht ist richtig, was Johannes

---

24 W. Schmithals, Apostelamt, 59.
25 H. L. Goldschmidt, Judasbild, 26.
26 Kelsos, bei Origenes, gegen Kelsos 2,11, GCS 2, 138 f.

Chrysostomus (340–407) bemerkt: Die Evangelisten scheuen sich nicht, »zu berichten, dass er zu den Zwölfen gehörte; so wenig verhehlen sie, was schmachvoll für sie schien. Sie hätten einfach sagen können, er sei ein Jünger gewesen; Jünger waren ja auch andere. Nichtsdestoweniger fügen sie hinzu: »einer von den Zwölfen«, sozusagen einer aus der zuerst und vor allen anderen auserlesenen Schar, ein Genosse des Petrus und Johannes. Sie waren eben nur darauf bedacht, die Wahrheit zu berichten, nicht aber, was geschehen war, zu verschweigen.«[27]

Die folgende Darstellung wird hinsichtlich des geschichtlich Feststellbaren ihren Ausgangspunkt bei Mk 14,43 nehmen: Als Jesus verhaftet wird, erscheint einer seiner Jünger auf der Seite seiner Gegner am Schauplatz des Geschehens. Die Art der Mitwirkung des Judas wird in Mk 14,43 nicht näher bezeichnet, das Stichwort »verraten« oder besser »ausliefern« fällt nicht.

Die Gründe für die Bevorzugung von Mk 14,43 sind wie folgt zu benennen: 1. Judas wird hier mit »einer der Zwölf« eingeführt, obwohl seine Zugehörigkeit zum Zwölferkreis dem Leser des Gesamtevangeliums seit Mk 3,19; 14,10 bekannt ist. Es ist zwar nicht ausgeschlossen, dass der Evangelist Markus diese Worte in Mk 14,43 nochmals hinzugesetzt hat, um seinem Erschrecken über den Tatbestand Ausdruck zu verleihen, doch gibt es auch andere gute Gründe dafür, dass Markus in seine Darstellung einen alten Passionsbericht übernommen hat, in dem in einer Vorform der heutigen Texte Gefangennahme, (Verhör vor dem »Hohen

---

27 JOHANNES CHRYSOSTOMUS, homil. in Mt 80,2, 727; ähnlich in der Neuzeit W. WREDE, Judas, 132, P. E. LAPIDE, Verräter, 78.

Rat« [?] und) Verhör vor Pilatus sowie Geißelung und Tod Jesu erzählt wurden.[28]

2. Der Todesbeschluss der Gegner Jesu wie ihr in Mk 14,10 f. berichtetes Gespräch mit Judas dürften kaum von einem später zum Christentum gewechselten Mitglied der Führungsschicht den Christen erzählt worden sein; es hat sich, mit Ausnahme von Joseph von Arimathia, keine Erzähltradition über eine solche Gestalt entwickelt.

Historisch erkennbar ist, vorwegnehmend sei dies gesagt, lediglich dies: Ein bestimmter, namentlich bekannter Judas, von Jesus in den Kreis der zwölf Jünger berufen, spielte bei der Verhaftung Jesu im Garten Gethsemane eine unrühmliche Rolle. Das Motiv für seine Tat bleibt im Dunkeln. Im Hinblick auf die im Einzelnen sehr divergierenden Berichte vom Ende des Judas (Mt 27,3–10; Apg 1,18 f.) ist es denkbar, dass Judas Geld erhalten hat: Beide Berichte wissen von dem Kauf eines Ackers bzw. eines kleinen Landgutes mit Namen »Blutacker« zu berichten.

Doch auch über Judas' Lebensende wissen wir nicht wirklich Bescheid, wie ein Vergleich der genannten Erzählungen verdeutlicht: Nach Mt 27,3–10 stirbt Judas noch in der Nacht zum Todestag Jesu durch Erhängen, und die Hohenpriester sind es, die von den 30 Silberlingen den »Töpfersacker« kaufen. Apg 1,15–20 spricht vom Unfalltod auf einem durch Judas selbst gekauften Grundstück (das bedeutet aber auch, dass Lukas eine Tradition von der Rückgabe des Geldes und von der Selbstverweigerung der Hohenpriester Mt 27,4 nicht

---

28 Den genauen Wortlaut können wir nicht in allem rekonstruieren. Erst recht hat sich in der Forschung kein Konsens darüber ergeben, ob einzelne Texte aus dem Bereich vor Mk 14,43 ebenfalls diesem Passionsbericht zuzurechnen sind (dazu vgl. M. MEISER, Reaktion 172–177).

kennt!), ist aber nicht auf den Termin des Todes festgelegt. Der dritte Text zum Thema, die Schilderung
des Lebensendes des Judas bei Papias von Hierapolis,
führt den Tod des Judas auf eine schreckliche Krankheit zurück. Die jeweiligen Erzählinteressen und -tra-
ditionen schlagen zu deutlich durch, als dass unbesehen einer dieser drei Texte historisch den Vorzug
verdient.

Historisch erkennbar bleibt nur dies: Offensichtlich
ist Judas nach seiner Tat nicht mehr in den Kreis der Jesusanhänger zurückgekehrt. Weitergehende Aussagen
gehören dem Reich der Spekulation an.

Insgesamt bleibt für eine historische Rekonstruktion
dessen, wie die Person des Judas Iskariot und ihr Handeln zu verstehen ist, nur die Möglichkeit, durch eine
gewissenhafte Nachzeichnung der damaligen Zeit-
geschichte und der damaligen Mentalitäten unter Ein-
bezug dessen, was man generell über Jesus von Nazareth wissen kann, den Rahmen *möglicher Szenarien*
abzustecken. Ebenfalls nur im Sinne dessen ist es ange-
bracht, den Namen »Judas« eigens zu betrachten.

B. DARSTELLUNG

1. DER NAME JUDAS

Wenn wir Kindern Namen geben, verbinden wir damit nicht selten zugleich auch ein Programm oder sprechen eine Huldigung gegenüber einer bekannten Persönlichkeit aus. Zu gewissen Zeiten konnten die Namen Friedrich (und) Wilhelm auf eine positive Haltung des Elternhauses gegenüber der preußischen Monarchie schließen lassen, die Namen Ludwig und Maximilian auf Sympathien gegenüber dem bayerischen Königshaus. Dass heute vielfach statt der Vornamen berühmter Herrscher und Gelehrter die Vornamen von Sportlern und Schlagerstars bevorzugt werden, ist ein Indiz für den geänderten Stellenwert dieser Lebenswelten im Denken vieler Zeitgenossen.

Beobachtungen solcher Art sind auch für das antike Judentum fruchtbar zu machen. Im Mutterland Israel enthalten ca. 40 % der jüdischen Grabinschriften griechische Namen,[29] und Träger genuin griechischer Namen sind in der Geschichte Israels wohl bekannt und sogar in den höchsten Rängen vertreten: Jason und Menelaos waren Hohepriester im zeitlichen Vorfeld des Makkabäeraufstandes (ab 167 v. Chr.), der gegen die Maßnahmen der Religionsverfolgung (Verbot der Beschneidung etc.) durch den seleukidischen (griechisch-syrischen) Herrscher Antiochus IV. Epiphanes die Freiheit der jüdischen Religionsausübung zum Ziel hatte (vgl. in den so genannten Alttestamentlichen Apokryphen die Makkabäerbücher). Das Phänomen begegnet aber noch zur Zeit

---

29 Vgl. P. W. VAN DER HORST, Das Neue Testament und die jüdischen Grabinschriften, 164, zum archäologischen Befund, die jüdischen Grabinschriften im Land Israel betreffend.

und im Umkreis Jesu: Zwei seiner Jünger, nämlich Andreas und Philippus (Mk 3,18) tragen nichtjüdische Namen, ähnlich wie die Judenchristen Priska und Aquila (Apg 18,2), Andronikos und Junia (Röm 16,7).

Die Wahl eines jüdischen Namens ist demnach nicht pure Selbstverständlichkeit in Israel zu jener Zeit, sondern *kann* auf eine gewisse Verbundenheit des Elternhauses zu genuin jüdischen Traditionen schließen lassen, wie am Beispiel der Familie Jesu sichtbar wird: Jesu Brüder, Jakobus, Judas, Joses, Simon (Mk 6,3), tragen ebenfalls traditionelle Namen; der Herrenbruder Jakobus ist auch in seiner Zeit als Anhänger Jesu als thoratreu bekannt.

Schon Judas' Vater, Simon, trägt nach Joh 6,71 einen traditionellen Namen (vgl. den Namen Simeon in Gen 29,33 u. ö.).

Eine mögliche Traditionsverbundenheit des Elternhauses garantiert natürlich nicht, dass Judas selbst zeitlebens diese Traditionsverbundenheit bewahrte; immerhin ist der genannte Rückschluss nicht unmöglich. Entsprechende Überlegungen können von Bedeutung sein, wenn man fragt, warum Judas sich von Jesus distanziert hat. Auch unabhängig von einer Erörterung über den Namen des Judas müssen sich die für seine Tat vermuteten Beweggründe, wenn man ihm nicht lediglich niedere Absichten unterstellen will, als im Rahmen des damals pluralen Judentums möglich begreifen lassen, dessen verschiedenen Gruppierungen es im Ernst um die Realisierung des Willens Gottes zu tun war. Ebenso muss betont werden, dass Judas' innere Distanzierung von Jesus nicht bedeutet, dass er sich auch von dem Gott Israels oder von dem Glauben seines Volkes abgewandt habe.[30]

---

30   Zu Recht betont dies H.-J. KLAUCK, Judas, 138.

Der Name Judas weist zurück auf Juda, den vierten der von Lea geborenen Söhne Jakobs (Gen 29,35), und ist – ähnlich wie der Name Saul – in frühjüdischer Zeit durchaus beliebt, obwohl von Juda, dem Sohn Leas nicht nur Gutes zu berichten ist (Gen 37, 25–26; Gen 38). Mit dazu beigetragen haben mag der so genannte Jakobssegen über Juda Gen 49,10 f.: »Es wird das Zepter von Juda nicht weichen noch der Stab des Herrschers von seinen Füßen, bis daß der Held komme, und ihm werden die Völker anhangen.« Der Text wurde in Qumran messianisch gedeutet. Diese Traditionen konnten jemandem bekannt sein, der seinen Sohn Judas nannte.

Auffällig ist, dass die wichtigsten uns bekannten Träger des Namens Judas fast alle als Vertreter eines traditionsverbundenen Judentums anzusprechen sind. Der bekannteste, Judas Makkabäus, ist der erste der Anführer das makkabäischen Aufstandes, in der Schlacht bei Elasa von 160 v. Chr. besiegt und gefallen. Durch seinen Kampf um die religiöse Reinheit Israels (ab 167 v. Chr.) bekundet er, dass er und die Seinen sich als das wahre Israel verstanden. Wenig bekannt von solcher Traditionstreue ist bei einem seiner Nachkommen, Judas Aristobul. Er ist ein Sohn des langjährigen Fürsten Johannes Hyrkan I., regiert 105–104 v. Chr. und legt sich den Königstitel zu. Die Geschichte zeichnet ein ungünstiges Bild von ihm.

Wiederum als traditionsverbundener Träger des Namens Judas erweist sich ein Gesetzeslehrer zur Zeit Herodes d. Gr. Er und ein weiterer Gesetzeslehrer namens Matthias nutzten eine schwere Krankheit des Herodes zum Aufstand aus, indem sie die Jugend dazu aufriefen, alle von Herodes gegen die jüdische Tradition eingeführten Gebräuche wieder rückgängig zu machen. Stein des Anstoßes war u. a. ein goldener Adler, den Herodes als Weihegeschenk gestiftet und am größten der Tempeltore hatte anbringen lassen. Als sich in der Stadt das Gerücht vom Tode des Herodes verbreitete, hieben einige fanatisierte Jugendliche diesen Adler vor den Augen der Menge in Stücke (er verstieß ihrer Ansicht nach gegen das Bilderverbot Ex 20,4). Herodes ließ daraufhin nach einem Schauprozess in Jericho mit Beteiligung der sich willfährig gebärdenden Vornehmsten aus Israel Matthias und Genossen hinrichten. In den u. a. darauf Bezug nehmenden Wirren nach dem Tod des Herodes d. Gr. ist wiederum ein gewisser Judas zu erwähnen, der das Waffenlager in Sepphoris angriff und sich der Waffen und des Geldes bemächtigte. Nur wenige Jahre später tritt Judas von Gamala auf, zusammen mit einem Pharisäer Sadduk der Begründer der Partei der Zeloten (Josephus, *de bello Iudaico* 2,118; *Antiquitates* 18). Auch mehrere seiner Söhne neigten der Aufstandsbewegung zu (Josephus, *Antiquitates* 20,102; Josephus, *de bello Iudaico* 2,448).

So *könnte* der – grundsätzlich hypothetisch bleibende (!) – Rückschluss von den Namen Judas auf die Traditionstreue zumindest seines Elternhauses dazu beitragen, das Verhalten des Judas begreiflich zu machen. Allerdings ist dann, wie später noch auszuführen sein wird, immer noch ein Mehrfaches vorstellbar, abhängig von dem geschichtlichen Verstehen der Person Jesu von Nazareth und der Person des Judas: Lehnt Judas Jesu Lebenspraxis ab oder seinen Selbstanspruch, und wenn letzteres: warum?

2. Der Beiname

Die Frage nach der zutreffenden Deutung des Beinamens Iskariot ist eine der Rätselfragen des Neuen Testaments, bei denen sich eine endgültige Antwort wohl nicht finden lassen wird – auch die folgende Darstellung erhebt nicht diesen Anspruch.

Noch am ehesten ist Einigkeit darüber zu erzielen, dass von den verschiedenen Formen (Iskariot Mk 3,19; Iskariotes; Skariot Mk 3,19 D) die Namensform Iskariot aufgrund ihrer semitischen Prägung vermutlich als ursprünglich anzusehen ist.

Dass der Beiname Iskariot schon vorösterlich zum Namen Judas gehört haben soll, ist nicht völlig zweifelsfrei zu sichern; Mk 14,43, *vielleicht* Bestandteil eines älteren Passionsberichtes, kennt den Beinamen nicht.

Dass der Beiname Judas von anderen Trägern dieses Namens im Umkreis Jesu unterscheiden konnte, war unter Umständen erst dann erforderlich, als auch der Herrenbruder Judas (Mk 6,3) sich zu der Schar der Jesusanhänger hielt. Für die Zeit vor Ostern ist das jedoch angesichts von Mk 3,20 f. unwahrscheinlich (Jesu Verwandte versuchen ihn zurückzuholen, denn er sei »von Sinnen«). Erst für die Zeit nach Ostern ist dies aus der Tatsache zu erschließen, dass man ihm den so genannten Judasbrief beigelegt hat. Ob der Beiname Iskariot schon vorösterlich seinen Träger von dem Judas, dem Sohn des Jakobus, unterscheiden sollte, der in Lk 6,16 an Stelle des Thaddäus (Mk 3,18) in der Liste des Zwölferkreises erscheint, hängt daran, ob man die behauptete Zugehörigkeit dieses Mannes zum vorösterlichen (weiteren?) Kreis der Jesusanhänger für historisch hält. Eine gesicherte Entscheidung über die vor- oder nachösterliche Herkunft des Beinamens lässt sich also nicht treffen.

Damit ist dann auch nicht über die Deutung des Beinamens entschieden. Die wichtigsten bisher[31] vertrete-

---

31 Einen Überblick über die bisher vorgetragenen Deutungen gibt G. Schwarz, Jesus und Judas, 7.

nen Deutungen sind der Verweis auf die Zugehörigkeit des Judas zur Gruppe der Sikarier, einer gewaltbereiten antirömischen Widerstandsbewegung, der Verweis auf die Herkunft des Judas aus dem judäischen Kerijot (Jos 15,25) oder Kariot in Moab (Jer 48,24) oder aus Sychar in Samaria (vgl. Joh 4,5) oder aus Jerusalem, oder der Hinweis auf seine Tat (von aramäisch *sakar* = ausliefern) oder seinen Charakter (aramäisch *schaqar* = lügen; Judas wäre dann der »Mann der Lüge«). Keine dieser Deutungen lässt sich unbedenklich durchführen:

1. Dass Judas den Sikariern angehört haben soll, ist zwar nicht schon von seiner Zugehörigkeit zur Jesusbewegung aus zu widerlegen; Jesus hatte möglicherweise noch einen anderen Zeloten, Simon den Eiferer, in seinem Jüngerkreis (so in Lk 6,15 die Übersetzung von »Simon Kananaios« Mk 3,18 aufgrund des aramäischen *qanan* = eifern). Doch bleiben im Falle des Judas sprachliche wie sachliche Bedenken. Die Endung »ot« ist zwar aramäisch denkbar, aber unmotiviert; das aramäische Lehnwort für »Sikarier« lautet *sikar*, im Plural *Sikarim*. Die Umstellung von Sic- zu Isk- gilt als unwahrscheinlich, unsicher ist ferner, ob es die Bewegung der Sikarier innerhalb der Gruppe der Zeloten schon zu Zeiten des irdischen Jesus gegeben hat; vor allem aber entspricht es nicht dem normalen Verhalten der Sikarier, dass Judas nach seiner innerlichen wie äußerlichen Distanznahme gegenüber Jesus mit den Vertretern der Jerusalemer Tempelaristokratie zusammengearbeitet haben soll, die ihrerseits zur Aufrechterhaltung eines gewissen Mindestmaßes von Ruhe sich den Römern gegenüber loyal verhielten. Auch die Übersetzung »Bandit«, die auf den historischen Bezug zu den Sikariern verzichten, aber das Urteil der Urgemeinde über Judas widerspiegeln würde, ist wohl

34

kaum als ursprünglicher Sinn des Beinamens aufzufassen: Ein anderes griechisches Wort (*lestes* oder *zelotes*, s. Lk 6,16 zu Simon dem Eiferer) hätte nähergelegen. Auch hat sich keine solche Deutung in altkirchlicher Tradition erhalten, wo sie der antijüdischen Polemik hätte dienen können.

2. Ob es den in Jos 15,25 genannten Ort Kerijot in neutestamentlicher Zeit gegeben hat, ist fraglich.[32] Die Ableitung von aramäisch: *qarita* = Stadt (Jerusalem)[33] ist unwahrscheinlich: Bereits Markus hätte sie trotz seiner Aramäisch-Kenntnisse nicht mehr verstanden. In frühchristlicher antijüdischer Polemik hat diese Ableitung ebenso wenig eine Rolle gespielt wie eine mögliche Ableitung von Sychar (eine in Joh 4,5 erwähnte samarische Stadt), bei der im Übrigen die Endung »ot« wiederum nicht erklärbar wäre.

3. Die Deutungen »Auslieferer« oder »Mann der Lüge« enthält einen Beinamen, der Judas erst nachösterlich aufgrund seiner Tat zuteil geworden wäre. Sie greifen hinsichtlich des zweiten Teils die aramäische Volkssprache zur Zeit Jesu auf; speziell die Deutung »Mann der Lüge« passt darüber hinaus in ein religionsgeschichtliches Milieu, in dem die Gegner der eigenen Gruppe als die »Falschen« deklariert werden (1QH V 22–24, 26 f. u. ö.). Diesen Vorzügen stehen Bedenken gegenüber: Es gibt zwar das Substantiv *Ischqarja* (»der

---

32 Ca. 250 Jahre später nennt Euseb unter Verweis auf Jer 48,24 nur den Ort Kariot im Lande Moab (Euseb, Onomasticon, GCS 11/1, 120). – Dass die hebr. Konsonantenfolge für »Keriot« in Jos 15,25 LXX nicht als Ortsname wiedergegeben, sondern von dem Wort für »Stadt« abgeleitet wurde, muss nicht viel besagen; eine detaillierte Ortskenntnis ist bei den Übersetzern der Septuaginta nicht in jedem Fall vorauszusetzen.

33 So G. Schwarz, Jesus und Judas, 8–12.

Falsche«, der »Lügner«, doch nicht das Substantiv *saka-riot/sakariut* (»Auslieferung«) oder *schaqariut* (»Lüge«); somit bliebe wiederum die Endung »ot« ungeklärt. Ferner wäre angesichts der Aramäisch-Kenntnisse des Markus wiederum zu fragen, warum er den Beinamen nicht übersetzt.

Von den möglichen Deutungen scheint der Verweis auf die Herkunft aus Kerijoth in Judäa noch diejenige mit den geringsten Schwierigkeiten zu sein. Freilich kommt, das sei nochmals betont, der Entscheidung für diese Ableitung angesichts der vorgetragenen Argumente und Gegenargumente nur ein relativer Grad von Wahrscheinlichkeit zu.

Gelegentlich ist betont worden, dass sich die Tatsache, dass ausgerechnet der Judäer Judas zu demjenigen wird, der Jesus seinen Gegnern in die Hände spielt, gut fügt zu dem im Markusevangelium zu beobachtenden Gegensatz zwischen Galiläa und Jerusalem in der Akzeptanz der Verkündigung Jesu. Zwar ist nicht auszuschließen, dass diese (manchmal überpointiert wahrgenommene) Sicht des Evangelisten Markus tatsächlich auf historische Umstände des irdischen Scheiterns Jesu zurückweist – ob Markus in Mk 14 Judas speziell als Judäer im Blick hat, ist m. E. jedoch offen. Wichtiger ist die Rückfrage auf historischer Ebene, was es für den irdischen Jesus bedeuten konnte, auch einen Mann aus Judäa in den engeren Kreis seiner Jünger zu holen. Allerdings sind hier wiederum historische Vorklärungen erforderlich.

3. Judas als Mitglied
des Zwölferkreises

3.1. Bestand der Zwölferkreis schon vor Ostern?

Nach biblischer Tradition hat schon der irdische Jesus vor seinem Tod einen Kreis von zwölf Jüngern berufen (Mk 3,14–19); als Mitglied dieses Kreises wird stets auch Judas Iskariot genannt. Sein Name steht immer als letzter in den Jüngerlisten und wird näher gekennzeichnet durch den Verweis auf seine Tat (Mk 3,19 mit den Parallelen Mt 10,4; Lk 6,16).

Wenn Pietro Lorenzetti (ca. 1280–1348) auf seinem Bild des Einzuges Jesu in Jerusalem (Abb. 2) Petrus und Judas unmittelbar auf Jesus folgen lässt, so hat er wohl die menschliche Schuld als (Mit-)Ursache des Leidens Christi vor Augen.

Doch ist der Zwölferkreis historisch? Es wurden i. w. folgende Gegenargumente genannt:

1. Die Namenslisten schwanken in der Reihenfolge, bisweilen aber auch in der Nennung der Personen: Thaddäus und Judas, Sohn des Jakobus u. a. werden jeweils nur in einem Teil der Tradition genannt. Das verweist auf unsichere Überlieferung im Einzelnen.

2. Nach 1Kor 15,5 ist der Auferstandene »den Zwölf« erschienen, obwohl Judas Iskariot nach anderweitigen biblischen Berichten nicht mehr am Leben war; das apokryphe Petrusevangelium (EvPetr 14/59) spricht von dem Weinen und der Trauer der »zwölf Jünger des Herrn« nach dessen Tod.

3. In den synoptischen Evangelien steht der Bericht über die Berufung der ersten vier Jünger (Petrus, Jakobus, Johannes, Andreas) in Mk 1,16–20 dem der Zwölf Mk 3,14–19 unvermittelt gegenüber; die ersten vier Jünger werden in Mk 3,14–19 wiederum genannt ohne Rückverweis darauf, dass sie ja schon berufen waren.

Abb. 2: Pietro Lorenzetti, Einzug Jesu in Jerusalem
(B. Monstadt, Judas, Abb. 45)

Mk 1,17 (»ich werde euch zu Menschenfischern machen«) kann ein echtes Jesuswort sein; Mk 3,14 gibt einen theologisch durchreflektierten Zweck der Jüngerberufung an, der zwar durchaus auf Handlungsmotive des irdischen Jesus zurückweist, aber dennoch als durch die Hand des Evangelisten gestaltet zu gelten hat.

4. Nachösterlich ist der Kreis nicht wirklich von Bedeutung: Als Paulus zum »Antrittsbesuch« in Jerusalem weilt (Gal 1,18 f.), trifft er nur Petrus und Jakobus, aber keinen der anderen Jüngern; am so genannten Apostelkonzil (Gal 2,1–10) sind Petrus, Jakobus und Johannes die Verhandlungspartner auf Jerusalemer Seite, nicht die Zwölf. Auch ist der Kreis nur einmal, bedingt durch das Ausscheiden des Judas Iskariot, durch Nachwahl wieder vervollständigt worden (Apg 1,15–26), später offenbar nicht mehr.

5. Von den Zwölfen haben nur einige wenige eine erkennbare geschichtliche Bedeutung – diesen Umstand hat sich apokryphe Literaturproduktion sehr zunutze gemacht und Evangelien nach Philippus, Thomas u. a. in die Welt gesetzt –, sollte der Kreis nicht um irgendeiner biblisch motivierten Idee willen (z. B. der Idee der Repräsentanz des Zwölfstämmevolkes) frei erfunden sein?

Doch gibt es auch Argumente dafür, dass schon der irdische Jesus vor seinem Tod einen Kreis von zwölf Jüngern um sich gesammelt hat:

1. Dass Judas als »einer der Zwölf« bezeichnet wird (Mk 14,10), hätte man nicht nachträglich erfunden: »Wären die Zwölf erst die leitende Gruppe der Urgemeinde gewesen, ließe sich sehr schwer vorstellen, dass die Tradition den Verräter ohne historischen Anhalt in die innerste Gruppe der Jünger eingefügt hätte, besonders, da ja dann ein anderer Name aus der Liste der Jesusjünger hätte gestrichen werden müssen.«[34]

2. Dass die Zwölf über Israel einst zu Gericht sitzen werden (Mt 19,28), ist alte, aus der Logienquelle stammende Überlieferung, die keine nachösterliche Wirkungsgeschichte zur Folge hatte.

3. Für Korporationen und Gruppen behielt man in der Antike öfters runde Zahlen bei, auch wenn de facto ein numerisches Defizit bestand, so z. B. bei den römischen Decemviri (Zehnmännerkollegium) und Centumviri (Hundertmännerkollegium).[35]

4. Das baldige Zurücktreten des Zwölferkreises in der Jerusalemer Gemeinde ist eher ein Argument *für* seine vorösterliche Entstehung.

5. Die Konstituierung des Zwölferkreises als Realsymbol der ganz Israel betreffenden Gottesherrschaft

34 E. Schweizer, Markus, 71.
35 H.-J. Klauck, Judas, 38 (dort weitere Beispiele).

ist dem irdischen Jesus genauso gut zuzutrauen wie der nachösterlichen Gemeinde.

Ich halte es mit Blick auf das uns in Umrissen erkennbare Sendungsbewusstsein Jesu für wahrscheinlich, dass er selbst den Zwölferkreis konstituiert hat, dieser nicht erst ein nachösterliches Konstrukt darstellt, und dass von diesem Sendungsbewusstsein Jesu auch die Funktion des Zwölferkreises zu bestimmen ist.

3.2. *Die Funktion des Zwölferkreises*

Der irdische Jesus hatte m. E. das Ziel, ganz Israel für die in und mit seiner Person anbrechende Gottesherrschaft zu sammeln. »Ganz Israel« ist dabei soziologisch wie geographisch zu verstehen: Symbol der soziologischen Dimension sind Jesu Tischgemeinschaften mit den Ausgestoßenen Israels (Mk 2,15–17; vgl. die Begründung Lk 19,9: »denn auch er ist ein Sohn Abrahams«), Symbol der geographischen Dimension ist der Zwölferkreis: Er verkörpert die Erneuerung des »biblischen« Zwölfstämmevolkes als Symbol der endzeitlichen Wiederherstellung ganz Israels (der Gliederung Israels in zwölf Stämme entsprach zur Zeit Jesu keine politische Realität). Diskutiert wird in der Forschung, ob Jesus bewusst auch einen Vertreter desjenigen Stammes berufen wollte, der für sich schon immer die Kontinuität zu dem von Gott gewollten Israel in Anspruch nahm (vgl. 2Kön 17,7–23; 2Chr 13,1–18). Freilich stoßen wir auch hier an die Grenzen des möglichen Wissens; Jesus hat nirgends eine Begründung dafür gegeben, warum er gerade Judas in den Zwölferkreis berufen hat, und er hat nirgends eine über das bloße Faktum der Zahl Zwölf hinausgehende Zuordnung einzelner Jünger zu einzelnen Stämmen vorgenommen.

In Mk 3,14 werden als Funktionen des Zwölferkreises die Gemeinschaft mit Jesus und die Verkündigungstätigkeit benannt. Gemeinschaft mit Jesus bedeutet Teilhabe an Jesu Lebensform, die zugleich sein Schicksal wurde: Er hatte die Bindung an sein Elternhaus durch die Begründung neuer sozialer Beziehungen in einem Netzwerk von Wanderpredigern und sesshaften Sympathisanten ersetzt. Wer aus dem Kreise seiner Jünger die bisherigen familiären Bindungen preisgab (vgl. Lk 9,59 f.) und unter völligem Verzicht auf eigene Vorsorge (Lk 9,3) stets auf die Unterstützung durch andere angewiesen war, symbolisierte durch diese Lebensweise in eigener Person, was Jesus in seinem Wort predigte und in seinem eigenen Verhalten vorlebte: den unbedingten Anspruch der herannahenden Gottesherrschaft, der auch für Jesu Ethik kennzeichnend ist. Wenn ein solcher Bote Jesu dann tatsächlich die Unterstützung durch die sesshaften Sympathisanten erfuhr, war damit die andere Seite der nahen Gottesherrschaft, die unbedingt schenkende Vatergüte Gottes zu erleben. Die Verkündigungstätigkeit bedeutete die Teilhabe an dem Auftrag Jesu, ganz Israel zur Gottesherrschaft zu sammeln; wenn Jesus seine Jünger zur Verkündigung aussendet, sollen sie als Multiplikatoren seiner Sendung fungieren. Der konkrete Vollzug der Gemeinschaft zwischen Wanderpredigern und sesshaften Sympathisanten konnte die ganz Israel umschließende neue Gemeinschaft in der Gottesherrschaft symbolisieren.

In den Evangelien vor allem des Markus und Matthäus sind die Jünger nicht nur in historischer Perspektive die Begleiter Jesu, vielmehr sollen sich in den Jüngern die Glieder der christlichen Gemeinde wiederfinden: Was Jesus damals den Jüngern sagte, gilt ihnen heute, und wie sich die Jünger verhalten, soll positives

41

Beispiel bzw. warnendes Exempel sein, und was Jesus widerfahren ist, kann auch seinem Jünger zuteil werden. Dementsprechend soll der Zusatz »der ihn ausgeliefert hat« im Sinne des Markus nicht nur ein nochmaliger Hinweis an den Leser sein, welches Geschick dem Gottessohn bevorsteht (andere solche Hinweise finden sich zuvor in Mk 2,20; 3,6 und dann in den Leidensankündigungen Mk 8,31–33; 9,30–32; 10,32–34). Er soll aber auch nicht das menschlich bewegende Schicksal Jesu in Worte fassen – Ideale der Einfühlsamkeit, wie sie in der klassischen griechischen Tragödie vor allem bei Sophokles (ca. 497–406 v. Chr.) und Euripides (ca. 480–406 v. Chr.) formuliert werden, sind dem Evangelisten wie überhaupt der älteren christlichen Literatur fremd. Einen Schlüssel zum Verstehen erhalten wir, wenn wir die Streubreite des Verbums *paradidonai* bedenken. Das Verbum bezeichnet in Mk 13,9 den Vorgang, dass Christen an jüdische und heidnische Behörden »ausgeliefert« werden (ähnlich auch Apg 8,3; 12,4; 21,11).[36] Weniger Reflexionen auf ein menschlich bewegendes Schicksal als vielmehr die Erfahrung, von

---

36 Gedacht ist in Mk 13,9 nicht an eine Christenverfolgung im Sinne staatlich initiierter Maßnahmen gegen die Christen; die Initiative geht von Menschen der näheren Umgebung der Christen aus. Nicht jede Anzeige eines Christen bei jüdischen oder römischen Behörden musste zur Todesstrafe führen. Ferner gilt auch für die späteren Jahrhunderte, dass Christen immer wieder eine ganze Zeit lang unbehelligt als Christen leben konnten. Die Johannesoffenbarung reflektiert grundsätzlich das Problem der Verfolgung, es sind aber doch zunächst Einzelfälle (vgl. Offb 2,14: »... als Antipas, der treue Zeuge, bei euch getötet wurde ...«). Auch der erste Petrusbrief reflektiert Phänomene sozialer Ausgrenzung und Diskriminierung, die noch nicht unbedingt den Tod des bekennenden Christen nach sich ziehen. Doch konnte die Möglichkeit des Todesgeschickes jedem vor Augen stehen; vgl. das zu Mk 8,34 oben Gesagte.

den eigenen vermeintlichen Mitchristen angezeigt
worden zu sein, dürfte sich in dem Insistieren auf dieser Tat des Judas widerspiegeln. Auf der Ebene der erzählten Welt gilt: Das was Jesus den Jüngern ankündigt, widerfährt ihm selbst.

Auch bei Matthäus ist Judas in Mt 10,4 als letzter der
zwölf Jünger genannt. Sie erhalten von Jesus die Voll-
macht zur Austreibung der Dämonen und zur Heilung
der Kranken, so wie es Jesus selbst nach Mt 4,23 f. praktiziert hat und nach Mt 12,16–21; 15,29–31 weiterhin
praktizieren wird. Wie kaum ein anderer Evangelist in-
sistiert Matthäus auf dem Gehorsam des Jüngers gegenüber dem Willen Gottes; an diesem Gehorsam be-
misst sich Heil oder Unheil im Gericht. Es wird zu
zeigen sein, inwiefern die bei Matthäus theologisch
vertiefte Jüngerthematik auch das Bild des Judas im
einzelnen betrifft.

Lukas benennt in Lk 9,1 als Aufgabe des Zwölferkreises Dämonenaustreibungen und Krankenheilun-
gen, über die Vorlage Mk 6,7 f. hinaus auch die Verkündigung der Gottesherrschaft. In Lk 6,13 unterscheidet
er den Zwölferkreis von einem weiteren Kreis von Jüngern (vgl. auch Lk 10,1; 19,37; Apg 1,15) und benennt
die Mitglieder des Zwölferkreises als »Apostel«, die
als Augen- und Ohrenzeugen Jesu (Apg 1,21 f.) dessen
gesamtes Wirken seit den Tagen des Täufers bis zu seiner Himmelfahrt miterlebt haben. Dies können sie gegenüber den Christen der folgenden Generationen (zu
denen sich Lukas selbst rechnet, vgl. seine Selbstunter-
scheidung von den »Augenzeugen und Dienern des
Wortes« Lk 1,2) bezeugen, und so verkörpern sie personal die Kontinuität der christlichen Gemeinde zu ihren Anfängen.

Dass auch Judas zu diesem Kreis der Apostel gehört,
das »Los dieses Dienstes« empfangen hatte, hält

Apg 1,17 eigens fest. Von größerer Folgewirkung ist, dass Judas in Lk 6,16 charakterisiert wird mit den Worten »der zum Verräter wurde«. Das Stichwort *prodotes* (Verräter), das nur an dieser Stelle bei Lukas begegnet, ging zur Bezeichnung der Tat des Judas schnell in den kirchlichen Sprachgebrauch ein und hat bis heute unser Bild dieses Jüngers bestimmt. Ansonsten wird in den Evangelien zumeist das Verbum *paradidonai* (übergeben) verwendet, und dieses Verbum bedeutet nicht von Haus aus »verraten«, sondern eher im juristischen Sinne »dem Gericht ausliefern« (z. B. Mk 13,9; Mt 5,25; Apg 8,3), »der nächsten Instanz weiterreichen« (Mk 15,1–15), oder auch allgemein »dahingeben« – und kann deshalb auch die Hingabe Jesu durch Gott selbst (Röm 4,25; 8,32) oder die Selbsthingabe Jesu für die Seinen bezeichnen (Gal 2,20; Eph 5,2.25).[37] Was diese philologische Beobachtung bedeutet, wird uns noch beschäftigen, wenn wir die historische Frage nach der Tat des Judas zu beantworten suchen.

Im Johannesevangelium[38] wird Judas erstmals in Joh 6,64 in einem Kommentar des Evangelisten zu ei-

---

37 Schon altkirchliche Ausleger haben diese doppelte Verwendung des Begriffs bemerkt, aber abgeschwächt durch den Hinweis auf die üble Motivation des Judas (Johannes Chrysostomus, hom. in Mt. 82,2, PG 58, 732). – In der griechischen Übersetzung des Alten Testaments steht es gelegentlich auch für die Auslieferung an die Feinde (1Sam 23,12; 1Chr 12,18), zumeist jedoch mit Gott als Subjekt (Lev 26,25; Ps 27 [26], 12; Ps 41 [40], 2 u. ö.); der biblische Sprachgebrauch ist also nicht die unmittelbare Grundlage dafür, das Handeln des Judas so zu benennen.

38 Inwieweit kannte Johannes die synoptischen Evangelien oder auch nur eines von ihnen? Die Frage wird in der Forschung unterschiedlich beantwortet: Nach J. Becker sind nur gemeinsame Traditionen und eine gemeinsame Passionsgeschichte als literaturgeschichtlich einigendes Band zwischen Johannes und den Synoptikern zu benennen

ner Äußerung Jesu erwähnt, die den Unglauben »einiger unter euch« festhält.

Joh 6,37.39.44; 17,2 lassen das zum Glauben Kommen ausschließlich als Werk Gottes verstehen, der die Glaubenden zu Jesus »zieht«. Andererseits richtet gerade das Johannesevangelium öfter die Forderung des Glaubens an die Gesprächspartner Jesu (Joh 6,29 u. a.). Im Lichte dieser Stellen sind die vorgenannten Aussagen Joh 6,37.39.44 als Versuch zu verstehen, das unbegreifliche Rätsel des Unglaubens vieler Menschen und auch des in den Unglauben hineinführenden Zweifels von Gemeindegliedern (vgl. Joh 6,65!) zu verarbeiten.[39]

In Joh 6,61 f. (Aufstieg des Menschensohns, der u. a. durch das Kreuz erfolgt) ist wohl das Unverständnis der Jünger hinsichtlich des Leidenmüssens Jesu verarbeitet (Mk 8,31–33). Joh 6,63 zielt darauf, dass es das richtige Verständnis der Worte Jesu ist, das das ewige Leben verleiht. Der Verweis auf Judas in Joh 6,64b hat zwei Dimensionen: Zum einen wehrt er der Vermutung, Jesus habe sich in der Auswahl seiner Jünger getäuscht,[40] und dient somit apologetischen Zwecken, d. h. er will das Christentum gegen Kritiker verteidi-

---

(J. BECKER, Johannes I 36–38). Andere gehen davon aus, dass entweder der Verfasser von Joh 1–20 (U. SCHNELLE, Johannes, 16) oder der Bearbeiter, der für das Gesamtwerk Joh 1–21 verantwortlich ist, mindestens eines der synoptischen Evangelien schriftlich vorliegen hatte (H. THYEN, Johannesevangelium, 208). Sofern man Johannes nicht mit synoptischen Maßstäben misst, ist m. E. Schnelles Lösung zu bevorzugen.

39   Vgl. R. SCHNACKENBURG, Johannes II 108.333: Johannes spricht in die Gegenwart der Gemeinde hinein, wo sich bereits Erscheinungen des Zweifels, des Abfalls und der Trennung bemerkbar machen (1Joh 2,19).

40   W. WREDE, Judas, 129.

gen.[41] Zum anderen ist er paränetisch orientiert, d. h. als Mahnung hinsichtlich der Lebensführung zu verstehen, und will den Leser warnen: Erwählung bewahrt nicht vor Versagen.[42] Für die Zuverlässigkeit des Bleibens beim Glauben kann der Mensch nicht selbst garantieren (Joh 6,65). Es gibt das Phänomen des Abfalls vom Glauben, wie Joh 6,66–71 verdeutlicht, und wie der johanneische Kreis selbst erfahren musste (vgl. 1Joh 2,19). Insofern ist Judas zum einen der Prototyp des Ungläubigen, der aus den eigenen Reihen kommt. Allerdings ist Judas' Verhalten noch eine Steigerung gegenüber dem »Weggehen« der Jünger nach Joh 6,66;[43] es ist aktive Feindschaft gegen Jesus, die für die Gemeinde nur als das Wirken der widergöttlichen Macht des Teufels verständlich ist. Dass Judas nach Joh 6,70 unter der Macht des Teufels steht, stellt keinen Widerspruch zu Lk 22,3 oder Joh 13,2.27 dar, wonach erst in der eigentlichen Verratshandlung der Teufel am Werk ist: Johannes interessiert sich nicht für die Frage des Zeitpunktes, sondern für das die Gemeinde bedrängende[44] unerklärliche Phänomen als solches;

---

41 R. BULTMANN, Johannes, 343 Anm. 3.
42 R. BULTMANN, Johannes, 345. Anders J. BECKER, Johannes I, 219: Nicht der Glaube des bekennenden Petrus wird problematisiert, vielmehr wird einer aus dem Gruppenbekenntnis ausgeschlossen. So wolle der Evangelist »für den wie Petrus Glaubenden die Endgültigkeit des Heilsstandes … betonen«. Achtet man jedoch darauf, wer als das Subjekt einer bestimmten Aussage gilt, so zeigt sich: Petrus spricht das Bekenntnis für »die Zwölf«, während Jesus ihn dahingehend korrigiert, dass in dem »wir« dieser Zwölf sich jemand befindet, der unter der Macht des Satans steht. Auch der Evangelist hält in seinem Kommentar 6,71 in der Schlusswendung das Entsetzen fest, dass es »einer von den Zwölf« war, der Jesus ausgeliefert hat.
43 L. MORRIS, John, 390.
44 J. GNILKA, Johannesevangelium, 56.

46

Joh 6,70 kann als verkürzende Voraussage zu den beiden Aussagen Joh 13,2.27 (die freilich auf den ersten Blick einander widersprechen) gelesen werden.

3.3. Judas im Zwölferkreis – War Judas ein Dieb?

Über Judas' Verhalten innerhalb des Zwölferkreises ist uns aus der ältesten Quelle, dem Markusevangelium, nichts bekannt. Die Angabe Joh 12,6, er sei ein Dieb, dürfte aus der ihrerseits wohl unhistorischen Anfrage »Was wollt ihr mir geben?« (Mt 26,15) erschlossen sein, diese wiederum aus der Notiz des Markus, man habe Judas Geld angeboten.

Doch was ist das Ziel der Darstellung in Joh 12, gerade wenn man sie mit Joh 6,10 vergleicht? Geht es darum, dass Judas die Chance nicht nutzte, die ihm Jesus trotz seines Wesens gab?[45] Oder soll dieses »Motiv der sich bildenden Judas-Legenden ... die Unerklärlichkeit seines Verhaltens verständlicher machen«?[46] Oder ist hier Ketzerpolemik erkennbar, nach der ein Verräter natürlich »auch moralisch nicht integer«[47] sein darf? Dass *Jesu* Verhalten nach menschlichen Maßstäben fragwürdig sein könnte, wäre dann für den vierten Evangelisten nicht mehr vorstellbar; zumindest die hier geäußerte Kritik *an* Jesus muss auf niedere Beweggründe *bei dem Kritiker* zurückweisen.

Historisch unsicher muss es ebenfalls bleiben, ob es die in Joh 12,6 erwähnte Gemeinschaftskasse im Jüngerkreis Jesu wirklich gegeben hat. In der so genannten Aussendungsrede heißt es in Lk 10,4: »Tragt keinen Beutel noch Tasche noch Schuhe« – Im Beutel oder in

---

45 W. Vogler, Judas, 100.
46 U. Schnelle, Johannes, 19.
47 J. Becker, Johannes II, 374.

der Tasche konnte man Proviant aufbewahren oder eben auch Geld. Ist die Notiz über die Gemeinschaftskasse der Jünger Jesu nur dazu da, die Habgier und die Heuchelei des Judas bloßzustellen? Hat der Evangelist Johannes von einer Apg 2,42–47 vergleichbaren Tradition aus auf eine solche Kasse geschlossen?

Im Hinblick auf die spätere Rezeptionsgeschichte der Judasgestalt bleibt festzuhalten: Johannes bereitet den späteren Erweiterungen der Legende damit den Boden, dass er Negativ-

Abb. 3: Taddeo Gaddi, Salbung in Bethanien, Florenz, S. Croce, Refektorium (Ladis, Andreas, Taddeo Gaddi. Critical Reappraisal and Catalogue Raisonné, Columbia/London 1982. pl. 6)

Eigenschaften des Judas nicht erst anlässlich des Auslieferungs-
geschehens schildert, sondern bereits im Verlauf des öffentlichen
Wirkens Jesu vor der Passion. Im Rahmen altkirchlicher Hermeneutik ist es dann eine legitime Erweiterung der Judasdarstellung, wenn in der *legenda aurea* des Jacobus de Voragine auf
dem Hintergrund von Joh 12,6 das Verratsgeschehen in Judas'
Zorn über die Verschwendung der in Joh 12,5 genannten kost-
baren Salbe motiviert wird. Taddeo Gaddi (ca. 1300–1366) hat
dies ins Bild umgesetzt (Abb. 3): Ganz links, gerade noch auf
dem Bild, steht Judas, der während der Salbung schon mit einem
Gesprächspartner über den »Verkauf« Jesu berät.

4. Die Tat des Judas

4.1. *Historische Erwägungen*

»Stellen wir die historische Rückfrage nach der Tat des
Judas, müssen wir uns vergegenwärtigen, dass die
Evangelien keine Geschichtsschreibung und keine Biographie im modernen Sinne darstellen – historische
Details interessieren im Allgemeinen nur dann, wenn
sie von Belang sind für das Bestreben, das damalige
Geschehen auch für die eigene Zeit als aktuell zu erweisen.« Als Jesus verhaftet wird, ist Judas auf der Seite seiner Gegner. Dies – das einzige, was wir wissen
können – ist auch zu bedenken, wenn es um das Verständnis seiner Tat geht, die gemeinhin als »Verrat« benannt wird. Was genau bezeichnet dieses »verraten«?

Wir hatten gesehen, dass das zur Bezeichnung der
Tat des Judas zumeist verwendete Verbum *paradidonai*
allgemein »hingeben«, »ausliefern« bedeutet. Den
Nebensinn »verraten« hat das Verbum erst durch
die Verbindung mit der Tat des Judas erhalten. Wie
es dazu kommt, erklärt ein Blick auf Lk 6,16, die
Parallele zu Mk 3,19: Dort heißt Judas der *prodotes*
(griech. Verräter). Diese Bezeichnung sowie die Ver-

wendung des entsprechenden Verbums (*prodidomi*) ist schnell in die kirchliche Tradition übergegangen, ohne dass jeweils explizit auf Lk 6,16 verwiesen würde.

Worin besteht das »Dahingeben« durch Judas? Werner Vogler hat literarkritisch als älteste Judastradition die Verse Mk 14,10*.43.46 bestimmt und auf dieser Grundlage Judas' Verhalten als Abwendung von Jesus verstanden, wie auch andere Jünger sich von Jesus abgewandt haben, und als Übergang zu den Gegnern Jesu vor dem Zeitpunkt seiner Verhaftung.[48] Allerdings wird das Verhalten des Petrus und der anderen Jünger mit anderen Begriffen bezeichnet; auch sticht Judas' Handeln durchaus von einem Verhalten der »Vielen« von Joh 6,66 ab, das ohne unmittelbare Folgen für Jesu äußeres Schicksal bleibt. Voglers Deutung dürfte eher für die Frage der Motivation des Judas zutreffen.

Doch was hat Judas eigentlich getan? Um ihn zu entlasten, hat man gelegentlich vermutet, er habe den Hohenpriestern Bericht erstattet über einzelne Äußerungen Jesu[49] oder über seinen Anspruch, Gottes Sohn bzw. Messias zu sein. Gegen eine solche Deutung erheben sich zwei Einwände: Jesu außergewöhnlicher Selbstanspruch ist nicht automatisch als Anspruch der Gottessohnschaft oder als Messiasanspruch zu bezeichnen (zur frühjüdischen Erwartung der Gottesherrschaft gehört nicht zwingend, dass ein Messias als deren Vorläufer oder Repräsentant hinzugedacht sein muss); außerdem wäre Mk 14,11b nicht recht verständlich (»und er suchte, wie er ihn zu einem günstigen

---

48 W. Vogler, Judas, 35.
49 Genannt wurden u. a. das Tempelwort Mk 13,2 oder Jesu Äußerung über die zwei Schwerter Lk 22,36–38, vgl. insgesamt R. E. Brown, Death, 1400.

Zeitpunkt auslieferte«). Es handelt sich, jedenfalls im Verständnis der Evangelisten, um eine aktive Mithilfe des Judas zur Verhaftung Jesu.

Doch worin kann eine solche Mithilfe bestanden haben? Hat er einen den Gegnern unbekannten Aufenthaltsort Jesu innerhalb Jerusalems benannt[50] oder einen günstigen Zeitpunkt seiner Festnahme?[51] Beides lässt sich nicht trennen: Einen günstigen Zeitpunkt der Festnahme kann Judas nur dann empfehlen, wenn er mit einem gewissen Grad an Sicherheit vermuten kann, wo sich Jesus gerade aufhält. Tatsächlich ist es vorstellbar, Judas habe einen günstigen Zeitpunkt benannt, an dem man Jesus an einem ganz bestimmten Ort festnehmen könne, und ich teile H.-J. Klaucks Auffassung, dass diese Antwort »so unplausibel, wie oft behauptet, gar nicht ist«,[52] so unsicher die Einzelheiten bleiben werden. Allerdings wird man sich als Christ vor einer vorschnellen Verurteilung des Judas hüten. »Richtet nicht, damit ihr nicht gerichtet werdet« (Lk 6,37). Auch Judas hat Anspruch darauf, dass wir ihm nicht von vornherein böse Absicht unterstellen.

Das führt uns auf die Frage nach der Motivation des Judas. Sie beinhaltet in der Tat eine innere Distanzierung des Judas von Jesus. Doch in welche Richtung kann dieser Prozess der Distanzierung verlaufen sein? Diskutiert wurden bisher u. a. folgende Möglichkeiten:

1. Judas sah, u. a. aufgrund der Leidensankündigungen Jesu, dass seine eigene Erlösungshoffnung mit der Botschaft Jesu nicht zu vereinbaren war.

2. Judas hatte bis kurz vor seinem Parteiwechsel zu den Gegnern noch auf den Erweis der Messianität Jesu

---

50   H.-J. KLAUCK, Judas, 54.
51   D. LÜHRMANN, Markusevangelium, 233.
52   H.-J. KLAUCK, Judas, 54.

gehofft (etwa beim Einzug in Jerusalem?), doch diese Hoffnung sah er enttäuscht; deshalb ging er zu den Gegnern über, um bei der Beseitigung Jesu zu helfen.

3. Judas bejahte bis zuletzt den Messiasanspruch Jesu und wollte noch in der Situation der Gefangennahme Jesus dazu nötigen, sich als Messias zu offenbaren; in Unkenntnis dieser Motivation hat die Urgemeinde Judas zum »Verräter« gestempelt.

4. Judas konnte nicht gutheißen, dass Jesus nichts gegen die überschwängliche Verehrung seitens seiner Anhänger unternahm.

5. Neuerdings wird vermutet, Judas sei von Jesus damit beauftragt worden, ein Treffen mit den Jerusalemer Autoritäten zu arrangieren, und habe gehofft, dass sich Jesus und die Jerusalemer Autoritäten über die Notwendigkeit der Erneuerung des Gottesvolkes und vielleicht sogar über die Vorgehensweise verständigen könnten. Als die Jerusalemer Autoritäten stattdessen Jesus an Pilatus auslieferten und dieser ihn zum Tode verurteilte, nahm sich Judas aus Verzweiflung und aus nach wie vor großer Liebe zu Jesus das Leben.[53]

Hier muss als erster und letzter Satz gelten: Wir kennen die Antwort nicht wirklich. Fast alle der hier vor-

---

53 W. Klassen, Judas, 66–70; 202–207. Er hält Joh 13,27 (»Was du tust, das tue bald«) für eine Äußerung des historischen Jesus (ähnlich schon G. Schwarz, Jesus und Judas, 235, S. 8 f., der in den Leidensankündigungen einen Kern authentischer Jesusworte herausdestilliert). An anderer Stelle (S. 138) betont Klassen zu Recht, dass Johannes in einer apologetischen Situation schreibt, wie sie durch die Einwände des Kelsos gegen Jesus von Nazareth (nach Origenes, Cels. 2,11) gezeichnet sei. Doch auch Joh 13,27 ist von diesem apologetischen Interesse an dem Vorherwissen Jesu geprägt und deshalb nicht als Äußerung des historischen Jesus zu werten.

gestellten Konstruktionen haben zwei grundlegende methodische Schwächen:

1. Zumeist übersehen wird die formgeschichtliche Eigenart der Evangelien: Die einzelnen Erzählungen und Worte Jesu sind, abgesehen von den unmittelbar zur Passionsgeschichte gehörenden Kapiteln, nicht im Sinne einer historischen Abfolge aneinandergereiht, sondern aufgrund theologisch motivierter Komposition. Das gilt auch für die Leidensankündigungen. Deren erste (Mk 8,31–33 par.) strukturiert zusammen mit dem so genannten »Petrusbekenntnis« Mk 8,27–30 die Darstellung der Epoche des irdischen Wirkens Jesu in der Weise, dass in den Erzählungen zuvor der Weg der Jünger Jesu als ein Sonderweg zunächst innerhalb des Judentums begründet wird, während die Erzählungen danach (bis zum Einzug Jesu in Jerusalem) von der Situation nach Ostern ausgehend innergemeindliche Probleme thematisieren, die aus längerfristigen Lebensverhältnissen (Ehe, Kinder, Herrschaftsverhältnisse in der Gemeinde) erwachsen. Sind in Mk 8,27–10,52 par. die Erzählungen unter diesem Gesichtspunkt zusammengeordnet, so ist es uns nicht mehr möglich, während der Epoche Jesu irdischen Wirkens eine innere Entwicklung hin zu einem zunehmenden Bewusstsein der Notwendigkeit des Leidens nachzuzeichnen; entsprechend können wir auch nicht sagen, wie sich das persönliche Verhältnis zwischen Jesus und Judas entwickelt hat. Ferner setzen die meisten dieser Konstruktionen die Historizität einiger Jesusworte voraus, nämlich vor allem wiederum der Leidensankündigungen sowie der Bezeichnung des Verräters, und legen die Haltung des Judas als innere Distanznahme von einem bewusst ins Leiden gehenden Jesus fest. Doch können beide Texte bzw. Textgruppen auch nachösterlich entstanden sein, denn beide be-

tonen das Vorherwissen Jesu zu dem Zweck, sein Leiden nicht als Widerlegung seines Selbstanspruches erscheinen zu lassen.

Die Möglichkeiten einer Distanznahme seitens des Judas sind im Übrigen, beachtet man religionsgeschichtlich die (nicht unbegrenzte) Pluralität des Judentums zur Zeit Jesu, weitaus vielfältiger, als in diesen Konstruktionen vorausgesetzt wird. Dass Judas zu Jesus innerlich auf Distanz gegangen ist, kann mehrere Ursachen haben, und zwar auch dann, wenn man eine mögliche Traditionsverbundenheit des Judas in Rechnung stellt. Hat Judas Jesu jüdische Lebenspraxis als unvereinbar mit dem Willen Gottes empfunden?[54] Hatte Judas mit der Zeit ein anderes Verständnis von Erlösung gewonnen als Jesus, von daher seinen Selbstanspruch angezweifelt und ihn deshalb den jüdischen Behörden als Verführer ausgeliefert?[55]

2. Zumeist zu undeutlich steht den Verfassern solcher Konstruktionen das historische Szenario dessen vor Augen, wie Jesus überhaupt gewaltsam zu Tode kommen konnte; dabei käme es darauf an, das Handeln des Judas wenigstens in seiner Außenwirkung innerhalb dessen verständlich zu machen, was hinsichtlich des Todes Jesu als historisch möglich gelten kann.

---

54 Eine solche mögliche Begründung darf nicht verwechselt werden mit der historisch überholten und vor allem theologisch fragwürdigen pauschalen Kontrastierung Jesu gegenüber dem Judentum seiner Zeit. Ein bewusster Bruch Jesu mit *auch nur einigen wenigen* jüdischen Traditionen kann nicht ohne weiteres als gesichert gelten. Der Konflikt zwischen Judas und Jesus muss als *innerjüdisch* möglicher Konflikt gedacht werden.

55 So J. KLAUSNER, Jesus, 71. Ähnliches hatte, allerdings nicht ohne aktuelle Hintergedanken, schon J. ANDREAE (1528–1590) erwogen (K. LÜTHI, Judas, 30 f.). U. LUZ, Das Evangelium nach Matthäus IV, 256, verweist zusätzlich auf J. D. MICHAELIS.

Ausschlaggebend für die folgenden Ausführungen sind der Termin des Todes Jesu, die bei Josephus berichtete Parallele in dem Zusammenwirken jüdischer und römischer Autoritäten[56] sowie die Tatsache der Zusammenarbeit zwischen Judas und den Jerusalemer Führungsschichten.

Kein Zweifel besteht daran, dass letztendlich Pontius Pilatus das Todesurteil gegen Jesus von Nazareth zu verantworten hat – ein Todesurteil drängt sich auf, wenn Pilatus den Selbstanspruch Jesu, dass sich mit seiner Person die Gottesherrschaft auf Erden Bahn bricht, als Infragestellung des römischen Führungsanspruchs versteht. Umstritten ist der Anteil der jüdischen Führungsschichten. Wer konnte ein Interesse am Tod Jesu haben? Für die historische Betrachtung maßgebend ist, dass die Pharisäer im ältesten zusammenhängenden Dokument über Jesu Passion, in Mk 14 u. 15, nicht erwähnt sind. Hingegen konnte von Seiten der »Hohenpriester«, der Jerusalemer Tempelaristokratie ein Interesse am Tod Jesu bestehen, das aber wiederum nicht vorschnell negativ bewertet und schon gar nicht zu einem Urteil über *die* Schuld *der* (oder gar: aller) Juden an Jesu Tod verallgemeinert werden darf.

Gerade während der großen jüdischen Wallfahrtsfeste war die Stimmung in Jerusalem stets im besonderen Maße angespannt; zu den Festtagen zog der römische Präfekt der Provinz Judäa eigens von Cäsarea Maritima nach Jerusalem herauf, um zusammen mit einer Kohorte römischer Legionäre im Zweifelsfall jede antirömische Aufstandsbewegung sofort und an Ort und Stelle unterdrücken zu können. In dieser politisch

---

56 Josephus, bell. VI, 300–309. Auf die Parallele hat K. Müller, Kapitalgerichtsbarkeit, 83, aufmerksam gemacht.

stets instabilen Situation konnte Jesu Wort vom Untergang des Tempels (Mk 14,58) als schwere Störung der öffentlichen Ordnung empfunden werden, und so konnte es sinnvoll erscheinen, Jesus noch vor dem Fest an Pontius Pilatus mit dem Antrag auf Anordnung und Vollzug der Todesstrafe zu überstellen – zur Zeit Jesu hatte vermutlich allein der römische Präfekt der Provinz Judäa das Recht, ein Todesurteil zu fällen.[57] Ähnlich versuchte man es knapp 40 Jahre später laut Josephus mit Jesus ben Ananias, den der damalige Statthalter dann allerdings als verrückten Einzelgänger laufen ließ. Dass an der Aktion der Verhaftung und Überstellung Jesu der ganze »Hohe Rat« beteiligt gewesen sein soll, ist historisch unwahrscheinlich; die neutestamentlichen Darstellungen der Verhandlungen selbst sind keine historisch authentischen Verhörprotokolle, sondern theologische Deutungen der Evangelisten, und bezeugen das allmähliche Abdriften der Schar der Jesusanhänger (die ursprünglich mehrheitlich Juden waren!) von dem nicht an Jesus glaubenden Teil des Judentums.

Sofern man eine Beteiligung von Mitgliedern des »Hohen Rates« für gegeben hält, wird man anerkennen, dass sie aus Verantwortung für das Land gehandelt haben, aus Verantwortung, den stets gefährdeten und nur mühsam aufrechterhaltenen »Frieden« zwischen der einheimischen Bevölkerung und der römischen Besatzungsmacht nicht durch das Gewährenlassen verdächtiger Personen zu gefährden. Immerhin kam bei der Aktion gegen Jesus von Nazareth nur dieser selbst zu Tode, während Josephus mehrfach davon berichtet, dass auch die Anhänger eines von dem

---

57 Joh 18,31 gibt diesen Sachverhalt m. E. historisch zutreffend wieder.

Römern gefangen gesetzten Messiasprätendenten zu Hunderten oder zu Tausenden umkamen.

In dieses Szenario könnte auch das Handeln des Judas integriert werden. Seine mögliche Mitbeteiligung an der Verhaftung Jesu setzt voraus, dass er zum Zeitpunkt seiner Verhandlungen mit den jüdischen Oberen von diesen nicht (mehr) als zelotische Gefahr empfunden wurde. Denkbar ist von daher in der Tat, dass Judas ähnlich wie die Jerusalemer Führungsschichten in dem Selbstanspruch Jesu[58] bzw. in dem Verhalten seiner Anhänger den Anlass für eine mögliche Eskalation der jüdischen Volksstimmung vermutete. Diese Konstruktion[59] könnte wenigstens die offensichtlich äußerlich gesehen reibungslose Zusammenarbeit zwischen Judas und einigen Mitgliedern des jüdischen *Sanhedrin*, des obersten Gerichtshofes erklären. Freilich bleibt auch diese Hypothese nur ein Versuch, Judas und seine Tat zu verstehen. *Wir wissen nichts.*

4.2. Die Deutung der Tat durch die Evangelisten

Von der historischen Frage strikt zu unterscheiden ist die literarkritische Frage nach der ältesten literarischen Quelle und die redaktionskritische Frage nach der Deutung der Tat durch die Evangelisten. Diese Unter-

---

58 Dass Judas den Selbstanspruch Jesu, dass sich in seinem eigenen Wirken die Gottesherrschaft Bahn breche, nicht verstanden oder bewusst missdeutet haben soll, ist m. E. unwahrscheinlich und eine unnötige zusätzliche Hypothese.

59 Die hier vorgelegte Hypothese kommt der unter Nr. 4 genannten Konstruktion am nächsten; sie berührt sich ebenfalls mit populären Auffassungen, die auf diese Weise die eigenen Anfragen an das Christentum formulieren. Meine Aufstellungen sind unabhängig davon entstanden.

scheidung ist notwendig weil literarische Texte zunächst *stets* die Sicht eines Geschehens durch ihre Verfasser widerspiegeln.

4.2.1. Die Deutung durch Markus – Mk 14,10 f.

Literarkritisch ist ungewiss, ob Mk 14,10 f. zum ältesten Bestand einer vormarkinischen Passionserzählung oder zu einer ihrer Erweiterungsstufen zu rechnen ist – über die Zugehörigkeit von Texten vor der Gefangennahme Jesu hat sich in der Forschung kein Konsens ergeben. Dass Judas bei der Verhaftung auf der Seite der Gegner Jesu erscheint, setzt natürlich einen entsprechenden Beschluss des Jüngers voraus, der auch Bestandteil einer alten Judastradition gewesen sein mag. Mk 14,10 f. ist freilich im heutigen Kontext des Markusevangeliums auszulegen. Die Kennzeichnung »einer von den Zwölfen« zeigt in Verbindung mit dem zunächst harmlos scheinenden Verbum »ging weg« an, dass Judas »die in Mk 3,14 genannte Funktion der Zwölf«[60] verlässt, »mit ihm« (Jesus) zu sein und von Jesus gesandt zu werden. Betrachtet man Mk 14,10 f. als Teil der größeren Einheit Mk 14,1–11, so ergibt sich: Dem Todesbeschluss der Oberen und dem Verhalten des Judas steht in Mk 14,3–9 das liebende und fürsorgliche Verhalten der Frau gegenüber, anlässlich dessen Jesus wiederum auf seinen Tod vorausweist. Markus hat, wie aus dem »ging weg« in Mk 14,10 und der Aufnahme der Erzählung Mk 14,3–9 im Johannesevangelium erschlossen werden kann, Judas bei der Salbung Jesu als anwesend gedacht. Nimmt Judas danach das Gespräch mit den Hohenpriestern auf, wechselt er im Urteil des Evangelisten zur falschen Seite.

---

60 D. LÜHRMANN, Markusevangelium, 233.

Eben dadurch aber setzt er das Geschehen gegen Jesus in Gang. Mehrfach berichtet der Evangelist Markus von einem Todesbeschluss der Oberen gegen Jesus, aber zugleich davon, dass sich die Oberen vor dem Volk fürchten (Mk 11,18; 12,12; 14,1 f.). Der Leser wartet darauf, zu erfahren, wann und wie es den Oberen gelingt, ihr Vorhaben umzusetzen. Diese erzählerische Spannung wird in Mk 14,11 gelöst: »Als sie das hörten, wurden sie froh und versprachen, ihm Geld zu geben«. Dass Judas von sich aus um Geld nachgefragt hätte, *steht nicht da* und darf nicht in die Darstellung des Markusevangeliums eingetragen werden.

Mk 14,11 lässt auch erkennen, was sich Markus als Tat des Judas denkt, die wir gemeinhin mit »Verrat« bezeichnen: Judas wird »zu einem günstigen Zeitpunkt« den Hohenpriestern die Möglichkeit geben, der Person Jesu habhaft zu werden. Der »günstige Zeitpunkt« nimmt Bezug auf die in Mk 14,2 berichteten Überlegungen der Hohepriester: sie wollen »Unruhe im Volk« vermeiden.

4.2.2. Die Deutung durch Matthäus – Mt 26,14–16

Auch für das Matthäusevangelium gilt, dass der kurze Text über Judas' Gespräch mit den Hohenpriestern im Kontext des ab Mt 26,1 Berichteten gelesen werden muss. Entscheidende Veränderungen bei Matthäus gegenüber Markus sind zu beachten: Den Eingang der Passionserzählung nach Markus hat Matthäus um eine weitere Leidensankündigung Jesu vermehrt (Mt 26,1 f.). 1. Das bereits markinische Motiv, dass Jesus mit Wissen und Willen in den Tod geht, wird betont an den Anfang der unmittelbar zur Passion hinführenden Ereignisse wiederholt. Der Evangelist Matthäus interpretiert Jesu Passion als Passion des gehorsamen Gottessohnes: in Gethsemane unterwirft sich Jesus mit den

Worten »Dein Wille geschehe« dem Willen des Vaters, der ihm das Leiden auferlegt; so entspricht Jesus selbst dem, was er im Vaterunser zu beten gelehrt hat (vgl. Mt 26,42 mit Mt 6,10).

2. Die Absicht der jüdischen Oberen, Jesus »ja nicht am Fest« hinzurichten, wird durch Jesu Voraussage durchkreuzt. Gottes Plan setzt sich durch; Judas ist dessen unfreiwilliger Helfershelfer.

Die Perikope von der Verhandlung des Judas mit den jüdischen Oberen ist vor allem am Anfang um die Frage des Judas »Was wollt ihr mir geben?« und um die sprichwörtlich gewordenen »30 Silberlinge« erweitert; damit sind zugleich Verstehensvoraussetzungen für Mt 27,3–10 gegeben.

Einige Kommentatoren finden die Frage des Judas erzählerisch vorbereitet, indem bei der vorangegangenen Salbung Jesu in Bethanien nicht unbestimmt »einige« (Mk 14,4), sondern (Mt 26,8) die Jünger diejenigen sind, die an Jesu Tun Anstoß nehmen. Doch kann diese These kaum überzeugen: Der Vorschlag, das Geld den Armen zu geben, entspricht eigentlich der Forderung Jesu (vgl. Mt 6,2) und wird nur hier um der besonderen Situation willen relativiert; zwischen den Jüngern und Judas wird in Mt 26,21–25 klar unterschieden. Eher diskutabel ist, dass Matthäus mit seiner Lieblingsvokabel »da / damals« die Erzählung von dem Gespräch des Judas und der Hohenpriester mit der vorangegangenen Erzählung von der Salbung Jesu verknüpfen wollte.[61]

Die Frage »Was wollt ihr mir geben« hat Matthäus ergänzt. Damit wird nicht nur seitens der Verhand-

---

61 In ein geschicktes Wortspiel fasst dieses Anliegen bereits Euthymius Zigabenus, in Mt., PG 129, 649 C: »Als die Fremde [die salbende Frau] zur Hausgenossin wurde, wurde der Hausgenosse zum Fremden.«

lungspartner des Judas ein finanzielles Angebot unter-
breitet (so Mk 14,11), vielmehr ist es Judas selbst, der
nach Geld verlangt. Dies hat Judas bleibend den Vorwurf der Habgier eingetragen.[62] Dass Matthäus hier
wie in Mt 26,25 und Mt 26,50 ein Charakterporträt des
Judas geben wollte, ist m. E. eher zweifelhaft. Eher
wird man sich an die Worte Jesu über den Besitz erinnern (Mt 6,24; 19,21), denen Judas untreu geworden ist.
Zusätzlich kann man darauf verweisen, dass sich
Judas des in Dtn 27,25 mit einem Fluch belegten Vergehens schuldig macht, um Geldes willen unschuldiges Blut zu vergießen. Innerhalb des Matthäusevangeliums wird nochmals von Geld die Rede sein
(Mt 28,11–15): Nach erfolgter Meldung über das leere
Grab bekommen die Soldaten der Grabeswache wiederum von den Hohenpriestern und Ältesten Geld,
um das Gerücht vom Leichendiebstahl in die Welt zu
setzen. Dass Mt 28,11–15 pure Polemik ist, nicht Bericht über einen tatsächlich stattgefundenen Vorgang,
sollte stets im Bewusstsein bleiben. Entsprechend
skeptisch wird man auch in Bezug auf Mt 26,15 sein.

Hinsichtlich der Wirkungsgeschichte biblischer Texte ist zu bedenken, dass im Mittelalter die Habgier des Judas in Kontexten,
in denen Christen aufgrund des kirchlichen Zins- und Wucher-
verbotes auf jüdische Geldverleiher angewiesen waren, als Cha-
raktereigenschaft auch von Juden angesehen wurde, so dass in
den Augen der Christen bei vordergründiger Betrachtung die
theologische Annäherung des Judas und der Juden auch eine
Entsprechung in der eigenen »Lebenserfahrung« besaß. In diese
Richtung kann auch ein vermutlich von Lippo Memmi (Tätigkeit

---

62 Fraglich muss bleiben, ob die terminologische Brücke über
     das Wort »Geben« zwischen Mt 26,15 (»Was wollt ihr mir
     geben?«) und Mt 26,9 (»Das Öl hätte teuer verkauft und das
     Geld den Armen gegeben werden können.«) zusätzlich die
     Auslegung rechtfertigt, Matthäus habe das Verhalten des
     Judas bewusst als Heuchelei brandmarken wollen.

Abb. 4: Lippo Memmi (?), Judaspakt, S. Gimignano, Collegiata,
(B. Monstadt, Judas, Abb. 39)

nachweisbar 1317–1347) stammendes Bild zur Verhandlungsszene Mt 26,14–16 interpretiert werden (Abb. 4). Dargestellt
wird nicht wie meist, wie sich Judas den Hohenpriestern *nähert*,
vielmehr: »Die Gruppe, die den Preis für das Leben Christi aus-
handelt, bildet in ihrer Zusammenballung eine sich oben run-
dende, geschlossene Gestalt.«[63]

Die Formulierung für das Geldangebot sind sowohl
hinsichtlich des Begriffes für »anbieten« als auch hin-

---

63   B. Monstadt, Judas, 116.

sichtlich der 30 Silberlinge der Heiligen Schrift der Urchristenheit entnommen (Sach 11,12 LXX). Die dreißig Silberlinge sind der Preis, den nach Sach 11,12 die desinteressierten, auf den Bruch zwischen Jerusalem und Samaria zusteuernden Volksführer dem guten Hirten zu zahlen bereit sind, als dieser seinen Dienst quittieren will – dabei wusste sich der Hirte im Dienst des Gottes Israels stehend! Der Preis nimmt seinerseits Bezug auf Ex 21,32: So viel muss der Besitzer eines Ochsen erstatten, wenn eine Sklavin oder ein Sklave durch das Tier zu Tode kommt.

Welchen Geldwert konnten die ersten Leserinnen und Leser des Matthäusevangeliums damit assoziieren? Das Wort *argyrion* kann damals den Denar bzw. die Drachme genauso bezeichnen wie die Doppeldrachme oder den Schekel, der vier Drachmen entspricht. Von den meisten Kommentatoren wird der Preis als eher niedrig eingestuft.

Den Evangelisten werden solche Berechnungen wenig interessiert haben: Die unpräzise Angabe *argyrion* sowie die Zahl 30 sind biblisch vorgegeben; deshalb hilft auch die Schlussfolgerung nicht weiter, dass man von diesem Geld immerhin ein Grundstück in oder bei Jerusalem kaufen konnte, der Betrag also nicht völlig gering gewesen sein kann. Man verkennt den »biblischen« Charakter dieser Summe, wenn man sie als realen Kaufpreis verrechnen will.

4.2.3. Die Deutung durch Lukas – Lk 22,3–6

Der Bericht von dem Angebot des Judas (Lk 22,3–6 par. Mk 14,10 f.) folgt im Lukasevangelium unmittelbar der Erzählung von dem Todesbeschluss der Hohenpriester und Schriftgelehrten (Lk 22,1 f. par. Mk 14,1 f.) – von der Salbung Jesu (Mk 14,3–9) hat Lukas bereits in Lk 7,36–50 erzählt. Lk 22,1–6 gilt im Allgemeinen als

Überarbeitung der markinischen Vorlage,[64] doch mag in Lk 22,3a auch eine Sondertradition verwendet worden sein: Dafür werden zumeist der Wechsel in der Terminologie zwischen Lk 4,13 (dort ist vom Teufel die Rede) und Lk 22,3 (hier ist der Satan genannt) sowie die johanneischen Parallelen Joh 13,2.27 angeführt. Allerdings ist letzteres Argument hinfällig, wenn man mit der Kenntnis auch des Lukasevangeliums auf Seiten des Evangelisten Johannes rechnet, und der genannte terminologische Wechsel begegnet häufiger in frühjüdischer und frühchristlicher Literatur, ohne dass man deshalb unbesehen von einer anderen Tradition oder Quelle ausgehen dürfte.

Auch für die Darstellung des Lukas gilt: Erst durch das Handeln des Judas wird es den Hohenpriestern möglich, Jesus wie gewünscht ohne Beisein des Volkes festzunehmen. Die entscheidende Änderung gegenüber der Markusvorlage, die Erwähnung des Satans in Lk 22,3, verdient auch auf der Ebene der lukanischen Redaktion Beachtung: Unbeschadet der genannten terminologischen Differenz zwischen »Teufel« (Lk 4,13) und »Satan« (Lk 22,3) wird in der neutestamentlichen Exegese zwischen beiden Aussagen ein Zusammenhang konstatiert, der sich durch die Formulierung »wich der Teufel von ihm eine Zeit lang« (Lk 4,13) nahe legt: Zu dem in Lk 22,3 genannten Zeitpunkt ist die mit den Worten »eine Zeit lang« von Lk 4,13 umschriebene satansfreie Zeit für Jesus vorüber; er ist nunmehr dem Wirken der widergöttlichen Macht ausgesetzt.

---

64 Bisher nicht durchgesetzt hat sich die These einer schriftlich durchkomponierten vorlukanischen Sonderquelle, die Lukas neben dem Markusevangelium als Vorlage hatte. Eher ist an manchen Stellen mit dem Einfluss eigener mündlicher Tradition zu rechnen.

Doch was ist gemeint mit den Worten »Da ging/ fuhr der Satan in Judas hinein«? Wiederum ist die Aussage auf der Ebene der lukanischen Endredaktion auszulegen. Gemeint ist nicht eine Besessenheit, aufgrund deren Judas nicht mehr als Subjekt seines Tuns angesprochen und somit von jedem Schuldvorwurf entlastet werden könnte – der Beginn von V. 6 »und er stimmte zu«, die zweite wesentliche Änderung gegenüber dem Markustext, wehrt einem solchen Missverständnis ausdrücklich. Auch die Parallele Apg 5,3 (»warum hat der Satan dein Herz erfüllt ... ?«) ist nicht im Sinne eines solchen Verständnisses auszulegen, wie der Verweis auf die gegenseitige Übereinkunft zwischen Ananias und Sapphira in Apg 5,9 zeigt. Der Teufel kann nur über den Menschen Macht gewinnen, der sich der Neigung zum Tun des Bösen von sich aus hingibt. Als Paralleltexte hierzu sind aus den frühjüdischen »Testamenten der zwölf Patriarchen« zu vergleichen:

TestDan 4,7: Beliar (= der Teufel) beherrscht die Seele, wenn der Zorn und die Lüge das Herz verwirren.
TestNapht 8,6: der jedoch, der das Gute nicht tut, den werden sowohl Engel als auch Menschen verfluchen [...] und der Teufel wird ihn bewohnen wie sein eigenes Gefäß.[65]

Wie alt ist die Vorstellung, dass der Satan in einen bestimmten, namentlich bekannten Menschen eingeht?

Genereller Hintergrund ist die Vorstellung, dass der Satan Menschen zur Sünde veranlasst[66] (1Chr 21,1; 1Kor 7,5) und deshalb die Reinheit der Gemeinde (2Kor 11,3) sowie das rechte Hören (Mk 4,15 par.), die Bewährung (Mt 13,39; Lk 22,31; Eph 6,11) und das Heil

---

65 G. Baumbach, Das Verständnis des Bösen, 165.
66 Unverbunden daneben steht die andere Vorstellung, dass der Satan die Frommen durch Krankheit oder andere Schicksalsschläge quält (Hi 1; 2; 2Kor 12,7; Apk 2,10).

des einzelnen (2Kor 2,11) gefährdet bzw. schädigt, weshalb der einzelne zur wachsamen Abgrenzung ihm gegenüber aufgefordert ist (Jak 4,7; 1 Pt 5,8; 1Joh 3,8). Damit ist aber noch nicht ein bestimmter, namentlich benannter Mensch als Werkzeug des Satans bezeichnet. Etwas näher kommt dieser Vorstellung der frühjüdische und frühchristliche Sprachgebrauch, der Menschen als »Söhne Belials« bzw. »Söhne des Teufels« (1Joh 3,10) bezeichnen kann. Aus den Qumranschriften stammt eine weitere wichtige Parallele: In dem Brief 4QMMT wird dem Adressaten, der nicht zur Qumrangemeinde gehört, angeraten, die in 4QMMT beschriebenen Torah-Praktiken auch für sich selbst zu akzeptieren: »Betrachte dies alles vor Ihm (Gott), damit er zurechtrichte deinen Ratschluss, und entferne von dir bösen Gedanken und Belialsrat (= Rat des Teufels)«[67] – eine bestimmte historische Person, die wir nicht zweifelsfrei identifizieren können, stand den Verfassern dieses Briefes wohl vor Augen. In dem frühjüdischen »Martyrium des Jesaja« wird in MartJes 3,11; 5,1 von Beliar (= Satan) erzählt, er habe sich in das Herz Manasses eingenistet. Ansonsten entstammt die nächste Parallele zu Lk 22,3 und Apg 5,3 wiederum dem lukanischen Doppelwerk, in dem der jüdische Zauberer Elymas als Kind des Teufels beschimpft wird, weil er den Statthalter Sergius Paulus von der Bekehrung abhalten will (Apg 13,10).

Judas wird in Lk 22,3b benannt als »einer aus der Zahl der Zwölf«. Er wird seiner Funktion als »Apostel« im Sinne des Lukas nicht mehr gerecht werden. Der Leser wird, wenn er das Lukasevangelium weiterliest, nochmals an Lk 22,3 erinnert, nämlich bei Lk 22,31: »Simon, Simon, siehe, der Satan hat begehrt euch zu

---

67 4Q398 Frgm. 14 Kol. ii 4 f.

Abb. 5: Giotto di Bondone, Judaspakt, Padua, Arenakapelle
(B. Monstadt, Judas, Abb. 10)

sieben wie den Weizen.« Die Gefährdung des Christen
tritt dem Leser wiederum ins Bewusstsein.

In mittelalterlicher Malerei wird aufgrund von Lk 22,3 in die
Darstellung der Verhandlungsszene häufig auch der Teufel ein-
bezogen; er erscheint als schwarze Gestalt in der Nähe des Judas
oder auf seinem Kopf (vgl. Abb. 5).

4.2.4. Die Deutung durch Johannes

Bei Johannes gibt es zu Mk 14,10 par. keine Parallele.
Dass er einzelne Motive kennt, die sich in den anderen
Evangelien finden, wird durch die Tatsache nahegelegt,
dass er sie an anderer Stelle seines Evangeliums verwendet hat, das Motiv der Habgier des Judas (vgl. Mt

26,15) in Joh 12,6, das Motiv des Wirkens des Teufels in Judas (vgl. Lk 22,3) in Joh 6,70; 13,2.27 (wiederum mit wechselnder Begrifflichkeit, dazu s. o.). Deshalb legt es sich für das Fehlen einer eigenen Perikope über die Verhandlung des Judas mit den Hohenpriestern nahe, nicht mit der Unkenntnis dieser entsprechenden Tradition zu rechnen, sondern den Befund redaktionskritisch zu erklären: Jesus ist es, der das Passionsgeschehen auch in den Einzelheiten in Gang setzt (vgl. die Darstellung der Verhaftung Jesu Joh 18,1–11), so auch das Handeln des Judas (Joh 13,27 »was du tust, das tue bald«); dann erst geht Judas hinaus (Joh 13,30).

5. Die Bezeichnung des Täters

5.1. Historische Erwägungen

Wenn durch die Tat des Judas das Passionsgeschehen in Gang kommt, wie es »nach den Schriften« sein soll, ist seine Tat dann nicht doch positiv zu beurteilen? Eine Antwort gibt die nächste Episode aus der heutigen Passionserzählung, in der Judas erwähnt wird. Damit ist zugleich gegeben, dass die Historizität der Szene keinesfalls als gesichert gelten kann. Dies gilt auch dann, wenn man Jesus eine Vorahnung über seinen bevorstehenden Tod zuerkennt, was aber angesichts von Mk 15,34 (»mein Gott, mein Gott, warum hast du mich verlassen?«) nicht letztlich zu sichern ist.

5.2. Die Deutung durch die Evangelisten

5.2.1. Die Deutung durch Markus – Mk 14,18–21

Die Erzählung ist wie die vorangegangene (die Auffindung des Abendmahlssaales; Mk 14,12–16) von dem

Motiv des Vorherwissens Jesu geprägt, das auch für die Leidensankündigungen (Mk 8,31–33; 9,30–32; 10,32–34) charakteristisch ist. Zweck dieses Vorherwissens ist nicht dessen wunderhafter Charakter als solcher, sondern 1. das apologetische Argument, dass Jesus keineswegs völlig überrascht durch die Machenschaften seiner Gegner in den Tod gegangen ist und sich somit der Anspruch der christlichen Gemeinde nicht einfach von selbst erledigt, und 2. das paränetische Argument, dass Jesus mit Wissen und Willen ins Leiden geht und darin vorbildlich ist für seine Gemeinde.

Gerade das paränetische Argument hilft zur Antwort auf die bereits genannten historischen Fragen, die sich dem Betrachter zu Mk 14,18–21 aufdrängen: Warum wird Judas nicht mit Namen benannt, obwohl auf der Ebene des Markusevangeliums insgesamt der Leser durch Mk 14,10 f. weiß, dass nur Judas gemeint sein kann? Wozu dienen die Hinweise »der mit mir isst« und »der mit mir seinen Bissen in die Schüssel taucht«? Warum versuchen die Jünger nicht, das von Jesus rätselhaft angekündigte Geschehen eindeutig zu benennen und zu verhindern?

Vor allem die Verse 18–20 zeigen, dass es dem Evangelisten nicht um ein Detail der Erinnerung an ein Ereignis aus dem Leben Jesu geht, sondern um die gegenwärtige Wirklichkeit der durch Denunziation aus den eigenen Reihen gefährdeten Gemeinde.

Judas wird in Vers 18 beschrieben als »einer, der mit mir isst«. Auch die Angabe in Vers 20 (»der mit mir seinen Bissen in die Schüssel taucht«) ist Symbol der engen Tischgemeinschaft, noch nicht das Zeichen, an dem die anderen Jünger erkennen sollen, wer es ist, der Jesus ausliefern wird (Judas wird ja nicht explizit beim Namen genannt!). Wiederum konnten sich die

Leserinnen und Leser an die Aufgabenstellung »mit Jesus sein« (Mk 3,14) erinnert fühlen und ihre eigenen Tischgemeinschaften angesprochen sehen. Darüber hinaus klingt Vers 18 an Ps 41,10 an: der mein Brot isst, hat sich gegen mich erhoben. Der genannte Psalm, auch in den Qumranschriften zitiert (1QH XIII 23 f.), ist einer der Texte, die in der Forschung der Tradition des »leidenden Gerechten« zugeschrieben werden, der Bedrängnis von seinen Gemeinden erdulden muss. So wie es dem leidenden Gerechten geht, so ergeht es Christus, und so ergeht es auch den Seinen: Vermeintlich Gleichgesinnte brechen die Treue.

In diesen Horizont verweist auch die Traurigkeit der Jünger und ihre Frage »Doch nicht etwa ich?« (Mk 14,19). Die Jünger erschrecken darüber, dass das »Ausliefern« auch in ihren Reihen und auch durch scheinbar Gleichgesinnte möglich ist, »dass jeder von ihnen auf seine Weise zu einem solchen Tun fähig wäre«.[68]

Dieser Deutungshorizont bietet sich aber auch für das gewichtige Schlusswort Jesu Mk 14,21 an. Gewiss stand die Gemeinde von jeher vor der Notwendigkeit, gegenüber Kritiken von außen und Zweifeln im Inneren zu begründen, warum der Kreuzestod Jesu Christi seinen Sendungsanspruch nicht einfach hinfällig macht. Und dem dient der in der ersten Hälfte von Vers 21 ausgesprochene und das göttliche »Muss« von Mk 8,31 aufgreifende Gedanke, dass der Menschensohn dahingehe, wie über ihn geschrieben steht. Doch liegt in Mk 14,21 der Ton eindeutig auf der zweiten Hälfte: Über Judas wird in apokalyptischer Manier ein

---

68 So m. E. zu Recht H.-J. Klauck, Judas, 57, wie schon altkirchliche Ausleger (in der Erklärung der Matthäusparallele).

70

Weheruf ausgesprochen, und ihm wird Gottes Strafe im Endgericht angedroht.[69] So wird in Mk 14,21 das unauflösliche Ineinander von Gottes Wirken und dem Handeln des Menschen wohl nicht um seiner selbst willen zum Thema, sondern gehört in den Zusammenhang der Frage, wie man mit Menschen umgehen soll, die Christen bei den Behörden angezeigt haben: Zwar gilt das Erdulden der Verfolgung als Ausweis der Standhaftigkeit im Glauben, und doch ist das Ausliefern eines Christen nicht als gute Tat zu betrachten, weil sie ihm Gelegenheit bietet, seine Glaubenstreue unter Beweis zu stellen, sondern ist Schuld, die im Endgericht die Strafe Gottes nach sich zieht. Im Unterschied zur griechischen Tragödie wird in Mk 14,21 an Judas nicht die Fraglichkeit des menschlichen Seins als solche aufgedeckt, sondern eine Antwort gegeben, die die weitere Nachfrage nach dem Ausgleich zwischen göttlichem und menschlichem Handeln eher abschneidet denn zulässt – Mk 14,21 ist insofern die Geburtsstunde der Problematik der biblischen Judastexte.

5.2.2. Die Deutung durch Matthäus – Mt 26,21–25

Matthäus hat auch diese Szene dem Markusevangelium entnommen, sie freilich durch Veränderungen in den Versen 22 und 23 und durch den Zusatz Vers 25 entscheidend umgestaltet; die Bedeutung dieser Veränderungen werden allerdings teilweise kontrovers diskutiert. Die Ergebnisse der folgenden Untersuchung seien vorweg kurz festgehalten: 1. Matthäus gestaltet den Text um zu einer ausdrücklichen Entlar-

---

69 Vgl. G. BAUMBACH, Judas, 96: »Jeder Versuch, der Tat des Judas wegen ihrer göttlichen Notwendigkeit Entlastung zu erteilen, wird damit energisch abgewiesen.«

vung des »Verräters«, die als weiteres Beispiel des Vorherwissens Jesu dient. 2. Die Distanz des Judas gegenüber Jesus kommt deutlich zum Ausdruck, und der Kontrast zwischen Judas und den anderen Jüngern wird verschärft. 3. Die Verantwortlichkeit des Judas für seine Tat wird herausgehoben.

1. In Vers 23 verlegt Matthäus den Vorgang »der mit mir die Hand in die Schüssel taucht« von der Gegenwart in die Vergangenheit und lässt ihn zum Erkennungszeichen werden, das Jesu wunderbares Vorherwissen betont.[70] Dieses Motiv Jesu hat m. E. auch die Einfügung der Frage des Judas Mt 26,25a veranlasst. Diese Frage wird häufig als Ausweis der Frechheit und Unverfrorenheit des Judas gewertet, auch jetzt nach seiner Entlarvung noch »den Ahnungslosen zu spielen«.[71] Doch lässt sich für eine Charakterzeichnung des Judas durch den Evangelisten kein Überlieferungsinteresse plausibel machen. Jesu Reaktion gibt den Schlüssel der Deutung: Die Frage des Judas wird beantwortet, nicht sein Verhalten bewertet – wenn Matthäus Verhalten bewerten will, tut er es deutlich (vgl. nur Mt 8,26). Dass Jesus die Frage beantwortet, ist wiederum apologetisches Motiv. Der Anspruch des wunderbaren Vorherwissens Jesu von Vers 22 wird konkret eingelöst.

2. In Vers 22 erweitert Matthäus die Frage der Jünger um die Anrede »Herr«, während er in Vers 25 dem Judas am Ende der gleichlautenden Frage die Anrede

---

70 Hierher gehört m. E. auch die erstaunlich scheinende Tatsache, dass Matthäus in der Ankündigung Jesu in Vers 21 die Anspielung auf Ps 41,10 weglässt und somit darauf verzichtet, auch die Anwesenheit des Judas bei dieser Tischgemeinschaft als Erfüllung dieser Aussage der Heiligen Schrift Israels darzustellen.

71 J. Schmid, Matthäus, 360.

»Rabbi« in den Mund legt. Bei Matthäus ist genau festgelegt, wer gegenüber Jesus welche Anrede verwendet: »Herr« ist die Anrede der Jünger an Jesus (Mt 7,21 f.; 8,25; 18,21 u. ö.), »Meister« (*didaskale*) ist die Anrede Außenstehender (Mt 8,19; 12,38; 17,24; 19,16 u. ö.), das gleichbedeutende »Rabbi« gebraucht nur Judas (hier und in Mt 26,49). Doch ist eine letzte Eindeutigkeit in der Interpretation dieser Anrede nicht zu gewinnen.

Deutlich ist, dass Matthäus einen Kontrast zwischen den anderen Jüngern und Judas herstellen will: Im Gegensatz zu ihm gebrauchen nur sie die richtige Anrede, die signalisieren soll, dass sie den Willen des Vaters zu tun bestrebt sind (vgl. Mt 7,21 f.). Vermutungsweise soll die Anrede »Rabbi« die Leser an die bei ihnen verpönte (vgl. Mt 23,7 f.) Anrede von Juden an ihre Schriftgelehrten erinnern, doch spricht Matthäus die mögliche Intention dieses Bezuges nicht offen aus. Wohl kaum soll die angebliche Selbstgefälligkeit der nichtchristlichen Schriftgelehrten (so der Vorwurf Mt 23,7) oder ihr Widerspruch zwischen Lehre und Tat (Mt 23,3) der Demut und dem ganzheitlichen Gehorsam Jesu gegenüber dem Willen seines Vaters kontrastiert werden. Eher denkbar ist, dass der Anschluss der Erzählfigur Judas Iskariots an jüdische Sprachgewohnheiten der matthäischen Zeit ihn als Überläufer zu dem nicht an Jesus glaubenden Judentum charakterisieren soll. Wenigstens implizit wäre hier die verhängnisvolle Gleichung Judas = Jude vorbereitet. Allerdings ist diese nicht mehr Judas, sondern den Evangelisten belastende Deutung nur eine *Möglichkeit*, den Text zu deuten.

Doch ist auch der genaue Sinn der anfänglichen Beobachtung noch einer Klärung bedürftig, dass der Evangelist einen Kontrast zwischen den Jüngern und

Judas erstrebt. Die bereits benannte Tatsache, dass bei Matthäus aus Mk 14,18 die Worte »der mit mir isst« und aus Mk 14,20 die Worte »einer von den Zwölfen« fehlen, wird häufig in dem Sinne gedeutet, dass Judas in der Sicht des Matthäus bereits außerhalb des Jüngerkreises steht. Unbestreitbar ist, dass sich Judas in Wort und Tat nicht so verhält, wie es von einem Jünger Jesu zu erwarten ist. Allerdings geht Minrad Limbeck mit seiner These zu weit, Matthäus schwäche die Problematik des Versagens auch der eigenen Gruppenmitglieder derart ab, dass der Gläubige in Judas Iskariot nicht mehr »einer seiner eigenen erschreckenden Möglichkeiten«[72] begegnet.

Matthäus betont mehrfach deutlich genug, dass gerade die Jünger dem kommenden Endgericht entgegengehen und sie nicht zu den *beati possidentes* (zu den »seligen Besitzenden«) gehören, denen im Endgericht die ewige Seligkeit garantiert wäre, dass vielmehr das Verbleiben im Glauben und das Bringen der Frucht gefordert ist.[73] Es ist kein Zufall, dass (mit der Ausnahme Mt 23) jede der großen Redekompositionen mit Jesu Gerichtswarnungen an die eigenen Jünger schließt. Vor allem aber: Matthäus hat das Erschrecken der Jünger Mk 14,19 beibehalten und die Trauer durch das Wort »sehr« noch verstärkt. Zweifellos hat Mt 26,22 Kontrastfunktion zur Vorbereitung von Vers 25, doch wäre der Kontrast der Anrede »Herr« zur Anrede »Rabbi« um seine Wirkung gebracht, wollte man Vers 22 für bedeutungslos, weil aus der Tradition übernommen, erklären. Wenn Matthäus ändern will, ändert

---

72 M. Limbeck, Judasbild, 63.
73 M. Limbeck ist das durchaus bewusst, doch er schwächt in der Gesamtstimmung ab durch den Gedanken, das Gericht Gottes stelle »für den Gutwilligen keine wirkliche Gefahr« mehr dar (M. Limbeck, Judasbild, 63).

er bisweilen recht kräftig.[74] Dass nach der Entlarvung keiner der anderen elf Jünger den Versuch macht, Judas von seinem Ansinnen abzuhalten, ist nicht nur ein allgemeiner Bezug zur Gemeindesituation, sondern belässt den Leser, der sich in den Jüngern wiederfinden soll, bei deren in Vers 22 geschilderten Erschrecken.

3. Dass Judas für seine Tat Verantwortung übernehmen muss, wird bereits durch das aus der Markusvorlage unverändert übernommene Drohwort Mt 26,24 festgehalten. Dessen Ernst steht den Lesern durch Mt 18,8 f. (dort ist die Rede von der Hölle und vom ewigen Feuer für denjenigen, der sich nicht durch die Gemeindeversammlung zurechtweisen lässt) mit aller Deutlichkeit vor Augen. Zum anderen wird die Verantwortlichkeit des Judas betont durch die Antwort Jesu auf die Frage des Judas: Du hast es gesagt. Die Wendung kann philologisch je nach Zusammenhang distanzierenden Sinn gewinnen (es sind deine, nicht meine Worte) oder bestätigenden Sinn (deine eigenen Worte sind die richtige Antwort). Hier in Mt 26,25 ist gemeint, dass Judas Verantwortung für seine Tat übernehmen muss. Die Theorie der ewigen Verdammnis des Judas ist zwar nicht ausgesprochen, legt sich aber nahe (vgl. dann Joh 17,12). Für den Leser wird die Antwort Jesu zur unmissverständlichen Gerichtsdrohung, gerade wenn er sich im Erschrecken über die eigenen Möglichkeiten mit den Jüngern (Vers 22) solidarisch weiß.

---

74 Vgl. den Schluss der Seewandelerzählung Mt 14,33 gegenüber Mk 6,52: Nach Markus sind die Jünger auch am Ende noch der Geschichte außer sich vor Erschrecken und reagieren damit unangemessen, nach Mt 14,33 bekennen sie Jesus als Gottes Sohn.

5.2.3. Die Deutung durch Lukas – Lk 22,21–23

Lk 22,21–23 dürfte als Überarbeitung der Markusvorlage zu gelten haben. Auffällig ist die Anordnung im Vergleich zu dem Herrenmahlstext Mk 14,22–26 par.: Während die Aufdeckung des Vorhabens bei Markus und Matthäus vor dem Bericht über das Herrenmahl als Ausdruck der Selbsthingabe Jesu erfolgt, geschieht das bei Lukas erst im Anschluss daran.[75] In den Worten »doch siehe« (Lk 22,21–23) sind die Mahlgemeinschaft und die Verratsansage miteinander verbunden: Die Gefährdung der Gemeinde ist versinnbildlicht.[76] Im frühen Christentum keineswegs völlig neu ist die Erkenntnis, dass selbst einer, der zum Kern der Gemeinde gehört, zum Verräter werden kann. Doch Lukas führt diese Erkenntnis durch die Bemerkung über das Wirken des Satans 22,3 und die Umstellung nach der Einsetzung des Abendmahls in zweifacher Weise weiter: 1. Der Satan holt sich seine Werkzeuge selbst aus dem innersten Kern der Gemeinde. 2. Davor schützt nicht einmal die Gegenwart Jesu im Mahl.[77] »Nicht bessere historische Erinnerung, sondern das auf aktuelle Paränese ausgerichtete Interesse ist für die Komposition verantwortlich. Die Mahlteilnehmer werden durch das Verratsbeispiel gemahnt und gewarnt«.[78] Die heutigen Mahlteilnehmer sind gefragt, ob sie Jesus die Treue halten. Die Teilnahme am Mahl ist keine Heilsgarantie, das Handeln des Judas führt vielmehr das Strafgericht Gottes herauf (Apg 1,16–20).[79]

---

75 Wann Judas weggeht, wird nicht eigens erwähnt.
76 G. Schneider, Lukas II, 447.
77 W. Vogler, Judas, 81.
78 J. Ernst, Lukas, 451.
79 J. Ernst, Lukas, 451.

Auch Lukas hält an der Dialektik der Bestimmung des Leidens Christi und der Verschuldung des Judas fest, ohne sie nach einer Seite hin aufzulösen. Sein Wille zur Präzision zeigt sich an der Wendung »wie es bestimmt ist«: Lukas ersetzt das »wie geschrieben steht«, weil keine einzelne Schriftstelle zur Verfügung steht. Als Subjekt zu dem »bestimmt ist« ist Gott zu denken; es liegt ein so genanntes *passivum divinum* vor (ein Passiv, das auf Gott als Urheber verweist).

Für das Verständnis von Lk 22,23 bereitet das sinntragende Verbum *syzetein* inhaltliche Probleme: Heißt es »streiten« (so auch Apg 6,9; 9,29) oder neutraler »sich befragen« (so Lk 24,15)? Im letzteren Fall wäre die Diskussion der Jünger ähnlich zu deuten wie bei Markus und Matthäus als Erschrecken der nachösterlichen Gemeindeglieder über die Gefährdung in den eigenen Reihen.[80] Im ersteren Fall wäre die Szene als Erschrecken des Evangelisten zu deuten über die Selbstsicherheit der Jünger, dass nämlich »an die Stelle des eigenen Betroffenseins die von sich weg weisende Diskussion – und das heißt: die den anderen verdächtigende Anklage – getreten ist«.[81] Für diese Deutung könnte sprechen, dass, anders als im Markusevangelium, nicht Jesus gefragt wird.[82]

5.2.4. Die Deutung durch Johannes – Joh 13,1–30

Die Aufdeckung der Tat des Judas durch Jesus in Joh 13 hat den Evangelisten dazu veranlasst, noch mehrmals auf Judas zu sprechen zu kommen; alle Aussagen verdanken sich dem Anliegen, das damalige Geschehen für die eigene Zeit als aussagekräftig zu erweisen.

---

80   E. Schweizer, Lukas, 223; J. Fitzmyer, Lukas II, 1409; G. Schneider, Lukas II, 447.
81   W. Vogler, Judas, 81.
82   W. Wiefel, Lukas, 368.

Die erste, auf Judas bezogene Stelle, nämlich Joh 13,2 bietet eine merkwürdige Dopplung zu Joh 13,27: Joh 13,2 setzt auf den ersten Blick voraus, dass in dem folgenden Geschehen Judas bereits vom Teufel in Besitz genommen wurde; Joh 13,27 spricht vom Eingehen des Satans erst zum Zeitpunkt der Aufdeckung der Tat durch Jesus. Joh 13,27 ist begrifflich Lk 22,3 vergleichbar formuliert (»Satan«, »hineingehen in«), während Joh 13,2 davon spricht, dass der Teufel Judas ins Herz »eingab« (dieses Wort ist auch in Joh 6,70 verwendet), Jesus auszuliefern.

Die Spannung zwischen Joh 13,2 und Joh 13,27 ist von J. Becker in der Weise aufgelöst worden, dass er Joh 13,2 der so genannten kirchlichen Redaktion zurechnet,[83] die das Johannesevangelium überarbeitet hat, um es für großkirchliche Kreise akzeptabler zu machen. Allerdings ist mittlerweile umstritten, ob diese kirchliche Redaktion außerhalb von Joh 21 überhaupt greifbar ist, und so empfiehlt sich eine Deutung auf der Ebene des jetzigen Endtextes, wenngleich die genannten Inkohärenzen nicht völlig zu tilgen sind.

Für die Interpretation von Joh 13,2 ist der Charakter der Verse Joh 13,1–3 insgesamt zu beachten: Als Einleitung des zweiten Hauptteils des Evangeliums (Joh 13–20) sind sie eine zusammenfassende deutende Vorwegnahme dessen, was im Folgenden thematisiert wird; der Leser soll die Abschiedsreden sowie die Passions- und Ostergeschichten im Licht der in Joh 13,1–3 explizierten Hauptgedanken verstehen, der vom Vater bestimmten »Stunde« (vgl. dazu schon Mk 14,41) des Leidens und der Erhöhung Christi, der Liebe Jesu zu den Seinen, die noch in der Welt sind (vgl. dazu inner-

---

83 J. BECKER, Johannes, II 420; ähnlich R. SCHNACKENBURG, Das Johannesevangelium, Bd. III, 18.

halb des Johannesevangeliums Joh 17,11), und seiner Handlungssouveränität, der gemäß Jesus freiwillig ins Leiden geht (neben Joh 13,1.3 vgl. noch Joh 10,18; 18,1–11). Joh 13,2 markiert innerhalb dieser Einleitung den Beginn des äußerlich wahrnehmbaren Geschehens um Jesu Passion, und die den Teufel betreffende Bemerkung interessiert nicht hinsichtlich des Zeitpunktes, wann er von Judas Besitz ergreift, sondern hinsichtlich der Tatsache als solche.

Die Tat des Judas wird in Joh 13,2 in einer Bemerkung des Evangelisten zur Sprache gebracht. Dass Jesus selbst um die Tat weiß, steht dem Leser seit Joh 6,70 f. vor Augen. Jesus hält das Geschehen nicht auf,[84] weil er freiwillig das Leiden auf sich genommen hat.

Ein zweites Mal wird Judas erwähnt, wenn der Evangelist auf die Heilswirkung der Fußwaschung zu sprechen kommt: Die Jünger bekommen Anteil an der Frucht des Sterbens Jesu, doch nicht alle. Johannes betont, dass Jesu Hingabe für Judas wirkungslos ist (13,10 f.); Judas hatte sich, anders als Petrus, der reinigenden Liebe Jesu nicht geöffnet.[85] So ist er der Sohn des Verderbens, der verloren ging (vgl. Joh 17,12).[86] Die Leser sollen gewarnt werden: »Auch zur Jüngerschaft zu gehören, der Jesus die Füße gewaschen hat, ist keine Garantie.«[87]

Der eigentlichen Erzählung von der Aufdeckung der Tat des Judas (Joh 13,31–30) geht ein Jesus in den Mund gelegter Kommentar voraus (Joh 13,18–20), der wiederum paränetischen und apologetischen Zwecken

84 Vgl. U. Schnelle, Johannes, 212 f.
85 R. E. Brown, John II, 568.
86 M. Limbeck, 84, ähnlich H.-J. Klauck, Judas, 82.
87 R. Bultmann, Johannes, 361.

dient, aber im Zusammenhang mit Joh 13,12–17 betrachtet werden muss.

Die Fußwaschung Jesu wird dort als verpflichtendes Vorbild auch für die Jünger hingestellt; die dienende Hingabe Jesu ist verpflichtende Norm auch für die Apostel, die nicht größer sind als derjenige, der sie gesandt hat (Joh 13,16). Zu dieser dienenden Hingabe Jesu und der Jünger steht das Verhalten des Judas im Gegensatz, das in Joh 13,18 als Tat des Ungehorsams und der Feindseligkeit erscheint. Innerhalb dieses Verses verändert der Evangelist das Zitat aus Ps 41,10 LXX: Das Verbum für „Essen" aus der Vorlage ersetzt er durch ein anderes, bedeutungsgleiches Wort, das er selbst innerhalb des eucharistischen Abschnittes (Joh 6,51c–58) in Joh 6,54. 56. 58 verwendet. Judas hat sich an der Gemeinschaft der Jünger Jesu vergangen, in der die Norm der dienenden Hingabe gilt, er hat sich ferner »die eucharistische Gabe reichen lassen, in falscher Gesinnung. Das war eine weitere Teufelei von ihm. Implizit werden die Gemeindemitglieder vor einem solchen Verhalten gewarnt.«[88] In Joh 13,19 ist das Vorauswissen Jesu wiederum apologetisches Argument,[89] sagt aber den Jüngern zugleich, dass auch sie in ihrer eigenen Gegenwart mit Vorgängen wie in Joh 13,18 beschrieben zu rechnen haben. Dass Jesus die Schrift zitiert, zeigt dem Leser, dass er auch dieses Geschehen als in der Heiligen Schrift angekündigt verstehen soll, und dass Jesus als der »Leidende Gerechte«, der in Ps 41,10 das Wort ergreift, in Übereinstimmung mit dem Willen Gottes handelt.[90] Joh 13,19 exemplifiziert für den Leser auf seine Weise die Wahr-

---

88   H.-J. KLAUCK, Judas, 83.
89   H.-J. KLAUCK, Judas, 83.
90   L. MORRIS, John, 623.

heit des am Ende von Joh 5,39 (»sie ist es, die von mir Zeugnis gibt«) an die Adresse der Juden Gesagten.

Die eigentliche Aufdeckung Joh 13,21–30 beginnt mit der Bemerkung, Jesus sei »erschüttert« (in der Lutherbibel wird abschwächend übersetzt: Jesus war betrübt im Geist. Der griechische Leser ohne Kenntnis des biblischen Sprachgebrauchs würde verstehen: verwirrt) im Geist und lege Zeugnis ab. Zweifellos wirkt diese »Erschütterung« Jesu schwer verständlich angesichts seiner ansonsten betonten Handlungssouveränität; die Parallelen Joh 12,27 (ebenfalls auf die Passion bezogen) und Joh 11,33 (Erschütterung angesichts der »Konfrontation mit der Unheilsmacht des Todes«)[91] zeigen jedoch, dass Joh 13,21 nicht einfach als einmalige Abweichung des Evangelisten von seiner sonstigen Linie beurteilt werden darf. Wahrscheinlich soll diese Erschütterung Joh 13,21 das Schwere des Vergehens des Judas bezeichnen.

Zu dem »Zeugnis ablegen« ist als nächste Parallele innerhalb des Johannesevangeliums Joh 7,7 zu vergleichen: Jesus legt der Welt gegenüber Zeugnis ab, dass ihre Werke böse sind, weswegen er den Hass der Welt erfährt. Ferner bestätigt sich Joh 2,25: Jesus bedarf keiner Zeugnisse über die Menschen, weil er sie durchschaut – eine Fähigkeit, die er auch gegenüber der Samaritanerin (Joh 4,39) erwiesen hatte.

Die Jünger wissen nicht, von wem Jesus redet (Vers 22). Petrus wendet sich daraufhin an den so genannten Lieblingsjünger (zur Bezeichnung vgl. Joh 13,23): Er als der wahre Hermeneut Jesu erfährt, wer Jesus ausliefern wird. Mit dem Lieblingsjünger ist vermutlich eine historisch nicht näher greifbare Autoritätsfigur des johanneischen Kreises gemeint, mit de-

---

91   U. Schnelle, Johannes, 219.

ren Hilfe Johannes für sich und seine Schule in Anspruch nimmt, »das Christusgeschehen in all seinen Dimensionen authentisch erkannt, geglaubt und bezeugt zu haben«.[92] Dass dieser Jünger es ist, auf dessen Anfrage Jesus die entscheidende Antwort gibt, ist dann kein belangloses Detail, sondern zeigt den Selbstanspruch des johanneischen Kreises, auch über die eigenen Grenzen hinaus auf die Reinigung der Kirche insgesamt (sie ist in diesem Text in Petrus repräsentiert) von Apostasie (Abfall vom Glauben) und Häresie (Irrlehre) hinzuwirken.

Jesus bezeichnet den Verräter (Joh 13,26), indem er ihm den Bissen reicht (Joh 13,27) und ihn zu raschem Handeln auffordert. Jesu Handlungssouveränität wird auch hier betont: Er ist es, der das Passionsgeschehen in Gang setzt. Nunmehr ergreift der Satan von Judas Besitz. Natürlich ist es nicht der durch Jesus gegebene Bissen, durch den der Satan in Judas fährt, wohl aber ist die Enthüllung durch Jesus »Signalwirkung für den Teufel, nun in seinem Werkzeug Judas sofort tätig zu werden«.[93]

Joh 13,27 wird in mittelalterlicher Malerei oft in der Weise bildlich umgesetzt, dass der Teufel als kleine Figur in der Nähe des Mundes Judas' dargestellt ist (Abb. 6).

Die Jünger verstehen nicht, was Jesus mit der Aufforderung an Judas meint; sie sind weiterhin ahnungslos über das Vorhaben des Judas, sie begreifen noch nicht, dass jetzt die Passion und damit ihre Trennung von Jesus beginnt (vgl. Joh 13,33.36). Ihr Unverständnis hinsichtlich dieser Situation symbolisiert zugleich, wie das Ausmaß des Bösen menschliche Fassungskraft übersteigt.[94]

---

92 U. SCHNELLE, Johannes, 301.
93 J. BECKER, Johannes II, 432.
94 J. GNILKA, Johannesevangelium, 109.

Abb. 6: Biblia pauperum, München,
Bayerische Staatsbibliothek, clm 19414, fol. 161 r, Bezeichnung
des Verräters (G. Schiller, Ikonographie II, S. 338 Abb. 91)

Die nach synoptischer Tradition vor dem letzten Mahl
Jesu mit seinen Jüngern getroffene, im Johannesevangelium gar nicht im einzelnen berichtete Absprache
des Judas mit den Hohenpriestern *folgt* im Johannesevangelium der ankündigenden Aufdeckung
durch Jesus (Joh 13,30). Berichtet wird nur, dass Judas

hinausgeht. Die Notiz »Es war aber Nacht« (Vers 30b) ist wohl kaum als historisierende Erinnerung gemeint. Vielmehr mag, was sich vordergründig als szenische Ausmalung darstellt, einen Rückbezug auf Joh 9,4 beinhalten: »Wir müssen die Werke dessen wirken, der mich gesandt hat, so lange es Tag ist; es kommt die Nacht, da niemand wirken kann.« Gemeint ist dann, dass das irdische Wirken des Offenbarers gegenüber der Welt zu Ende geht. Insofern schlägt Joh 13,30b den Bogen zu Joh 13,2 zurück. Nacht im übertragenen Sinne ist es aber auch für Judas: Er entfernt sich von Jesus als dem Licht (vgl. Joh 3,19).[95]

Nunmehr ist Jesus mit den Getreuen unter den Jüngern allein – nur ihnen gelten die Abschiedsreden, die insgesamt die Situation der Kirche angesichts der leiblichen Abwesenheit Christi thematisieren und den Christen zur Zeit des Johannesevangeliums in eben dieser Situation Trost und Mut zusprechen wollen. Erzählerisch ist noch etwas anderes verwirklicht: Zeitlich parallel liegen die Vorbereitung dessen, was man Jesus antun wird, und Jesu Verkündigung dessen, was er für die Seinen tun wird (Joh 13,31–14,31), ebenso das ›Kommen‹ des Fürsten dieser Welt (äußerlich ist wohl der Satan gemeint, der Judas Iskariot zu seinem Werkzeug gemacht hatte; Joh 14,30 f. will aber auch auf symbolischer Ebene das »Kommen« der Bedrängnis für die nachösterliche Gemeinde besagen) und die Belehrung über das notwendige »Bleiben« der Jünger.

---

95 R. E. Brown, John II, 579; für den Bezug auf Joh 3,19 vgl. auch J. Becker, Johannes II, 432.

6. Jesus in Gethsemane

Am Ende dieser theologisch und wirkungsgeschichtlich so bedeutenden Perikope wird in Mk 14,41 f. par. berichtet, dass Jesus das Kommen des Judas ankündigt. Diese Verse erwecken den Eindruck, als sei die ganze Perikope von vornherein für den Passionszusammenhang entworfen worden – andernfalls müsste ein Schluss weggebrochen worden sein. Die Worte Mk 14,41 f. par. betonen wieder das wunderbare Vorherwissen Jesu, dass nunmehr sein Leidensweg beginnt.

7. Die Gefangennahme Jesu

7.1. Historische Erwägungen – der »Judaskuss«

Historisch kann die Tatsache der Gefangennahme Jesu angesichts seines gewaltsamen Todes als gesichert gelten. Doch was bedeutet der sog. Judaskuss, und ist er überhaupt passiert?

Der Kuss (er wird nur hier im Markusevangelium erwähnt) ist im griechisch-römischen Kontext nicht erotisches Signal, sondern Zeichen der Zusammengehörigkeit einer Familie, im jüdischen Kontext ehrende Begrüßung des Höhergestellten, und in diesem Falle wohl kein Kuss auf den Mund, sondern vielleicht auf die Hand oder (mit Kniefall) auf die Füße oder das Knie des anderen. Der Funktion als Gestus der Begrüßung entspricht die Anrede »Rabbi«.[96] Insofern muss der Kuss kein vorgetäuschtes Zeichen einer besonders engen Verbundenheit sein, sondern ist alltäglicher und

---

96 M. Dibelius, Judas, 276.

unauffälliger Vorgang und könnte gerade deshalb dazu gedient haben, Jesus für den Kommandotrupp kenntlich zu machen, ohne dass Jesus selbst bei dieser Begrüßung Verdacht schöpfen musste – nur so war das notwendige Moment der Überraschung gegeben.

Ist der Judaskuss historisch? Man wird nicht ausschließen können, dass das Geschehen von einem Augenzeugen festgehalten und später in der Gemeinde weitererzählt wurde. Doch stehen der Historizität zwei Bedenken entgegen:

1. Mk 14,44 f. setzt im heutigen Wortlaut (vgl. die Wendung »der, der ihn ausgeliefert hat«) einen größeren Erzählzusammenhang voraus, in dem die Identität und die Tat dieser Person in einer Mk 14,10 f. vergleichbaren Weise benannt gewesen sind. Ob die Verse oder ein Teil davon Bestandteil des zu Mk 14,43 angesprochenen vormarkinischen Passionsberichtes sind – er müsste dann auch eine Mk 14,10 f. entsprechende Szene enthalten haben – oder erst von Markus eingefügt wurden, ist in der Forschung umstritten.

2. Sowohl diesem Passionsbericht als auch dem Evangelisten selbst ist das Motiv der Schrifterfüllung ein wichtiges Anliegen. Der Begriff »Schrifterfüllung« meint hier die Vorstellung, dass sich auch in Einzelheiten des Lebens und Leidens Jesu Voraussagen der Heiligen Schrift der ersten Christen, d. h. des Alten Testaments, verwirklichen. Das Motiv war für die ersten Christen wichtig: Konnte jüdische Polemik aus dem Todesgeschick Jesu sein Scheitern folgern, so dass sein Selbstanspruch hinfällig wurde, so half dieses Motiv, gerade das Todesgeschick Jesu als gottgewollt herauszustellen. In diese Tendenz, Jesu Leiden im Licht der Erfüllung der Heiligen Schrift Israels zu lesen, fügt sich nun auch der Judaskuss ein: Man kann Mk 14,44 f. als schriftgelehrten Eintrag aufgrund von Spr 27,6b

(». . . die Küsse des Hassers sind trügerisch«) und 2Sam 20,9 f. ansehen: Joab ermordet Amasa, indem er sich ihm wie zum Kuss nähert und Freundschaft vortäuscht.[97]

So muss es bei nüchterner Betrachtung offenbleiben, ob der Judaskuss eine Begebenheit der Geschichte darstellt. Der Verfasser von Mk 14,44 f. mag sich diese Begrüßung in dem oben angedeuteten Sinne als Kennzeichnung Jesu gedacht haben.

7.2. Die Deutung der Szene durch die Evangelisten

7.2.1. Die Deutung durch Markus – Mk 14,43–46

Unabhängig von der Frage nach der Historizität des Judaskusses sind die Verse nunmehr auf der Ebene des Markusevangeliums auszulegen.

Mk 14,43–46 macht den Bruch zwischen Judas und Jesus sichtbar; Judas ist nicht mehr »mit ihm« (vgl. Mk 3,14). Den Kuss kannten die nichtjüdischen Leserinnen und Leser des Markusevangeliums vermutlich ebenfalls als Signal der Zusammengehörigkeit, zur Begrüßung oder zum Abschied praktiziert. Vielleicht erinnerten sie sich auch an den bei Christen üblichen Heiligen Kuss (1Thess 5,26; 1Kor 16,20b; 2Kor 13,12; Röm 16,16; 1Petr 5,14) und empfanden den Kuss des Judas als Missbrauch eines ihnen bekannten Ritus. Das konnte Abscheu gegenüber der Tat des Judas ebenso hervorrufen wie das Erschrecken über den möglichen Missbrauch des Ritus in den eigenen Reihen.

---

97 H. L. GOLDSCHMIDT, Verrat?, 22; H.-J. KLAUCK, Judas, 65 f. Möglich ist auch eine Anspielung an Gen 33,4 (Esau küsst Jakob), sofern man mit frühjüdischer Tradition Esaus Kuss negativ deutet: er habe Jakob in den Hals beißen wollen.

An der Darstellung des Judaskusses in St. Apollinare nuovo in Ravenna (520–526) ist zu beachten, dass Judas in der Gewandung noch völlig den anderen Aposteln angeglichen ist (Abb. 7). Die bildliche Unterscheidung des Judas von den anderen Aposteln ist um diese Zeit noch nicht üblich.

Die Anrede »Rabbi« durch Judas mag historisch sein. Auf der Ebene des Markusevangeliums betrachtet zeigt sie, wenn sie durch einen Jünger Jesu gebraucht wird, ein mangelndes Verstehen an. In Mk 9,5 verkennt Petrus die Situation, in Mk 11,21 begreift er nicht, was Jesus sagen will. Für Judas müsste Jesus mehr sein als Rabbi, nämlich »der Christus« (vgl. Mk 8,29).

Wie die Tat des Judas abschließend zu bewerten ist, signalisieren auf der Ebene des Markusevangeliums Mk 14,48 f. in Verbindung mit Mk 14,1: Judas hat den Gegnern Jesu dazu verholfen, ihn »mit List« (Mk 14,1) gefangen zu nehmen. Im Hinblick auf Jesu Lebenspra-

Abb. 7: Judaskuss, St. Apollinare nuovo (Ravenna), entstanden 520–526 (G. Schiller, Ikonographie II, S. 367 Abb. 158)

xis, sein öffentliches Lehren im Tempel (Mk 14,49a), war dies unangemessen; seinen Sinn hat es nur darin, dass sich die Schriften erfüllen. Ob dem Evangelisten eine bestimmte Stelle aus der Heiligen Schrift vor Augen stand und wenn ja welche, ist umstritten; der Rückbezug auf die in Mk 14,27 zitierte Stelle Sach 13,7 ist möglich. Wiederum wäre damit das Geschehen als Geschehen von Menschen her und zugleich als ein durch Gott gewirktes angesprochen.

7.2.2. Die Deutung durch Matthäus – Mt 26,47–50

Matthäus hat auch die Szene der Gefangennahme Jesu hinsichtlich des Judasbildes an einigen Stellen geändert.

Der Anrede »Rabbi« hat er den üblichen griechischen Gruß »Gegrüßet seist du« vorangestellt, der freilich verschieden interpretiert worden ist. Man hat auf die Parallele Mt 27,29 verwiesen: Auch die römischen Soldaten werden Jesus mit diesem Gruß verhöhnen. Dass der auferstandene Christus die Frauen am Grab mit demselben Gruß bedenkt (Mt 28,10), sollte jedoch vor Überinterpretationen warnen. Eher zutreffend ist die Vermutung, dass Matthäus die ihm aus Markus bekannte Anrede »Rabbi« und den Kuss als (im Falle des Judas: vermeintliche) Ehrenbezeugung interpretiert. Doch dient sie wohl kaum nur textintern als Erkennungssignal. Sie will auch nicht nur die Liste der negativen Charaktereigenschaften des Judas um ein weiteres Glied verlängern. Denn diese negative Charakteristik ist nicht Selbstzweck, sondern erschließt sich in ihrer Funktion, wenn wir auch die Antwort Jesu in die Betrachtung einbeziehen.

Diese Antwort ist bei Matthäus eine Erweiterung gegenüber der Markusvorlage. Die Anrede »Freund, Gefährte« besagt nicht, dass sich Jesus auch jetzt noch mit

Judas verbunden weiß, und greift auch nicht die übliche Anrede innerhalb der christlichen Gemeinde auf (»Schwester/Bruder«). Weiter führt die Beobachtung, in welchem Sinne das entsprechende Wort für »Freund« ansonsten im Matthäusevangelium verwendet wird, nämlich in Mt 20,13 vom Weinbergbesitzer gegenüber dem murrenden Tagelöhner der ersten Stunde und in Mt 22,12 vom König gegenüber dem Hochzeitsgast mit dem fehlenden hochzeitlichen Gewand. Dem Wort eignet an diesen Stellen und auch in Mt 26,50, wie schon Origenes und Hieronymus vermerken,[98] ein drohend-ironischer Unterton.

Von daher ist auch der Sinn des schwierigen »wozu/dazu bist du gekommen« zu bestimmen. Philologisch gesehen ist der Satz nicht eindeutig; er kann als (echte oder ironische) Frage wie auch als Feststellung gelesen werden. Gerade im letzteren Fall wurde in der Forschung das Relativpronomen »wozu« häufig als Einleitung eines indirekten Fragesatzes aufgefasst, zu dem der Hauptsatz dann fehlt – der Satz wäre somit ein elliptischer Satz. Verschiedene Ergänzungen wurden diskutiert: »Wozu du gekommen bist, weiß ich« oder »Wozu du gekommen bist, das steht in der Schrift«.

Jede Interpretation muss sich dem erkennbaren christologischen Gesamtkonzept im Matthäusevangelium einfügen. Unwahrscheinlich ist von daher die Lesart als echte Frage in dem Sinne, dass Jesus, der nach Matthäus die Tat des Judas im Voraus benannt hatte (Mt 26,22–25), von dem Zweck des Kommens Judas' nichts gewusst haben sollte. Unwahrscheinlich ist ferner, das Matthäus den Teilvers als elliptischen Aus-

---

98 Origenes, in Mt. comm. ser. 100, GCS 38, 220 (mit Verweis auf Mt 22,12 und Mt 20,13 f.); Hieronymus (in Mt., PL 26, 208 A, mit Verweis auf Mt 22,12.

sagesatz konzipiert hat: Die Verschiedenheit der Er-
gänzungsvorschläge zeigt, dass keiner von ihnen sich
dem nachdenklichen Leser wie von selbst anbietet,
ferner wäre zu jeder dieser Ergänzungen auch der
Evangelist selbst in der Lage gewesen. Doch ebenso
unwahrscheinlich ist die Auffassung des Satzes als iro-
nischer Frage, ob denn Judas wirklich zu dem Zweck
gekommen ist, ihn den Gegnern in die Hände zu spielen. Jesu Äußerung hätte dann keine erkennbare Funktion, und das wäre bei Matthäus singulär. Meines Er-
achtens ist jedoch der indirekte Fragesatz nicht auf
das dem Leser seit langem bekannte Vorhaben des Judas zu beziehen, sondern auf die soeben vorangegangene Begrüßung: »Mein Freund, bist du wirklich *dazu*
gekommen (d. h. nur, um mich so zu begrüßen, oder
hast du nicht etwas ganz anderes im Sinn)?« Dann fügt
sich Jesu Ironie durchaus in sein Vorherwissen; sie hätte dann den Zweck, den Gruß und den Kuss des Judas
als Heuchelei zu bezeichnen, der gegenüber Jesus um
die eigentliche Absicht des Judas weiß.

Wiederum ist aber nicht eine indirekte Charakter-
studie bezweckt, und auch das Motiv des Vorherwissens ist nicht um seiner selbst willen entfaltet. Vielmehr fügt sich diese Interpretation zu einer anderen
Veränderung des Matthäustextes gegenüber dem Markusevangelium, die nicht unmittelbar das Verständnis
des Judas betrifft: Markus hatte erzählt, dass einer der
Umstehenden das Schwert ergreift und einem Knecht
des Hohenpriesters ein Ohr abschlägt, ohne dass Jesus
darauf reagiert (Mk 14,47). Bei Matthäus ist aus dem
Schwertstreich eines Umstehenden ein Schwertstreich
eines der Jünger Jesu geworden (Mt 26,51), und Jesus
schließt eine Jüngerbelehrung an: Er mahnt zum Gewaltverzicht (Mt 26,52) und zur Einwilligung in das
dem gehorsamen Gottessohn auferlegte, der Heiligen

Schrift entsprechende Leiden (Mt 26,53 f.), denn auch er wird am Kreuz auf jede Form von Selbsthilfe verzichten (vgl. Mt 27,40–43 mit Mt 4,5–7). Von da aus ergibt sich als Möglichkeit der Interpretation für Mt 26,50: Matthäus beschreibt nicht das Individuum Judas, sondern hat die generelle Warnung vor Heuchelei im Auge. So wird in dieser Szene, in der Jesus nach dem Matthäusevangelium zum letzten Mal vor Ostern mit seinen Jüngern zusammen ist, Jesus noch einmal als der lehrende Christus gezeigt.

7.2.3. Die Deutung durch Lukas – Lk 22,47–53

Auch Lukas setzt gegenüber der Markusvorlage eigene Akzente:

1. Judas erscheint in Lk 22,47 ähnlich wie in Apg 1,16 betont als derjenige, der dem Kommandotrupp[99] vorausgeht, »im wörtlichen wie im geistigen Sinne«.[100] »Das vom Satan erwählte Werkzeug steht an der Spitze der Bewegung gegen Jesus.«[101] Die Beifügung »einer von den Zwölf« wird Lukas aus Mk 14,43 übernommen haben; vielleicht steht auch für Lukas das Erschrecken über die Untat eines der von Jesus Auserwählten im Vordergrund der Betrachtung.[102]

2. Lukas lässt die Zwischenbemerkung Mk 14,44 f. aus. Empfand er dies angesichts des vermuteten Bekanntheitsgrades Jesu als überflüssig oder wollte er nur den Bericht des Markus straffen, wie es auch sonst häufiger seine Tendenz ist?

---

99   Der Kommandotrupp wird erst in Lk 22,52 hinsichtlich seiner personellen Identität gezeichnet: Hohepriester, *strathgoi* des Heiligtums und Älteste werden genannt. In abkürzender Weise sind damit deren Hilfskräfte benannt.

100 H.-J. KLAUCK, Judas, 69.

101 W. VOGLER, Judas, 84.

102 J. FITZMYER, Lukas II 1450.

3. Während Markus von einer Reaktion Jesu auf den Kuss des Judas nichts berichtet, ergänzen Matthäus und Lukas in je eigener Weise. Die bei Lukas formulierte Frage »Judas,[103] übergibst du den Menschensohn mit einem Kuss?« (Vers 48) ist wohl weniger Zeichen seiner Überraschung noch auch der Liebe des Meisters[104] als vielmehr Verweis auf den Missbrauch des Freundschaftszeichens (vgl. 2Sam 20,9):[105] Judas' Verhalten soll als Fehlverhalten gekennzeichnet werden.

4. Lukas berichtet nur von dem Vorhaben des Judaskusses, nicht von seiner Ausführung. Gelegentlich wird als Implikation dessen vermutet, dass nicht erst das Handeln des Judas die Verhaftung ermöglicht; Jesus bleibe auch in dieser Situation der Herr des Geschehens. Die Deutung ist angesichts der Worte »dies ist eure Stunde und die Macht der Finsternis« (Lk 22,53) m. E. unwahrscheinlich. Vermutlich war dem Evangelisten hier weniger die »historische« Frage wichtig als die in Vers 48 anklingende negative Bewertung.

5. In Lk 22,53 dürfte, wie die Parallelisierung der »Macht der Finsternis« und des Satans in Apg 26,18 zeigt, mit den Worten »dies ist eure Stunde und die Macht der Finsternis« wiederum auf das vom Satan bestimmte Handeln des Judas Bezug genommen sein. Jesu Leiden ist hinsichtlich seiner äußeren Ursache dem

---

103 Dass Judas hier ohne Beinamen steht, muss nicht unbedingt alte Tradition widerspiegeln (W. Vogler, Judas, 84), sondern kann sich auch der Glättung durch den Evangelisten verdanken: Judas ist mittlerweile bekannt.

104 Zu Recht skeptisch ist H.-J. Klauck, Judas, 69; vgl. auch M. Limbeck, Heilvoller Verrat?, 77, der auf die Differenz des Verhaltens Jesu in dieser Situation zu seiner sonstigen Zuwendung zu Sündern aufmerksam macht.

105 J. Ernst, Lukas, 465.

Wirken gottfeindlicher Mächte zuzuschreiben.[106] Man kann erwägen, ob diese Sicht bei Lukas nicht als Gegengewicht zu einer Theologie gedacht war, die das Leidensgeschehen einseitig auf göttliche Veranlassung zurückführte. Festzuhalten ist ohnehin, dass der Tod Christi im lukanischen Doppelwerk nicht nur hinsichtlich seiner heilschaffenden, d. h. die Nähe des Menschen zu Gott ermöglichenden Qualität im Sinne des stellvertretenden Sühneleidens gewürdigt wird (so Lk 20,28). Sein Tod wird auch als ein vom Satan bzw. von Menschen gesetztes Faktum dargestellt, das aber Gottes Plan mit der Welt nicht wirklich behindern kann – Jesu Auferweckung als göttliche Tat ist die Korrektur dessen, was Menschen getan haben (Apg 2,23 f.; Apg 3,14 f.; hier wird das Wirken des Satans nicht genannt, weil die Schuld der Jerusalemer am Tod Jesu betont werden soll).

7.2.4. Die Deutung durch Johannes – Joh 18,1–11

Joh 18,1–11 ist in der johanneischen Passionsdarstellung einer derjenigen Texte, die am stärksten die Prägung durch bestimmte Züge johanneischer Christologie erkennen lassen: Jesus geht bewusst und freiwillig in den Tod und ist darin Herr des Geschehens.

Das Motiv des wunderbaren Vorherwissens, aus den synoptischen Evangelien bekannt, wird in Joh 18,4 generalisiert: Jesus ist keineswegs von dem Passionsgeschehen überrascht worden, vielmehr ist er es, der das gesamte Geschehen überschaut (vgl. schon Joh 13,1). In diesem Wissen geht Jesus von sich aus auf seine Häscher zu. Jesu Leidensbereitschaft ist das ent-

---

106 G. BAUMBACH, Das Verständnis des Bösen, 190, macht auf die Differenz von Lk 22,53 zu Mk 14,41 aufmerksam.

scheidende Argument, mit dem er Petrus zurechtweist und zum Gewaltverzicht bewegen will (Vers 11).

Das Bildwort vom »Kelch (des Leidens)« hat Johannes der synoptischen Darstellung der Gethsemaneperikope entnommen (vgl. Mk 14,36). Der Umgang des Evangelisten mit dieser synoptischen Erzählung ist freilich völlig von dem Motiv der Handlungssouveränität Jesu bestimmt, und dieses Motiv legt auch das Bild des Judas in dieser Szene im Einzelnen fest. Die Perikope erscheint im vierten Evangelium nicht an der Stelle, wo man sie aufgrund der synoptischen Parallelen erwartet, nämlich vor Joh 18,2; ihr Hauptthema, die Einwilligung Jesu in seinen Leidensweg nach vorangegangener zweifelnder Klage, streift er kurz in Joh 12,27. Diese kompositionelle Verlagerung hat im Blick auf Joh 13–17 ihren Sinn: Als derjenige, der die Anfechtungen von Joh 12,27 hinter sich gelassen hat, kann Jesus in den Abschiedsreden die Gemeinde für die Zeit seiner Abwesenheit zurüsten.

Von diesem Bild der Handlungssouveränität Jesu[107] ist auch die Darstellung Joh 18,1–11 im Einzelnen geprägt. Der Beginn der Erzählung wirkt konventionell: Judas führt einen aus römischen Soldaten[108] und aus

---

107 Die Worte »ihr seid ausgegangen wie zu einem Mörder ...« (Mk 14,48) tilgt der Evangelist an dieser Stelle, weil sie seinem Bild der Handlungssouveränität Jesu widersprechen. Die Fortsetzung »bin ich doch täglich bei euch gewesen ... « (Mk 14,49) wird in Joh 18,20 einem anderen Zweck dienstbar gemacht: Seine Lehre geschah in aller Öffentlichkeit, das nunmehr stattfindende Verhör ist äußerlich gesehen unnötig; diejenigen, die Jesus verhören, bekunden damit nur, dass sie sich der Botschaft Jesu verweigert haben.

108 Diskutiert wird, ob der Evangelist von der Idee geleitet war, dass sowohl Jerusalem als auch Rom, dass somit die Welt insgesamt Jesus den Tod bereitet, dass die Christen

Mitgliedern der jüdischen Tempelpolizei[109] zusammengesetzten Kommandotrupp dort hin, wo sich Jesus für gewöhnlich aufhält, doch ist es nicht er, der die Aktion an Ort und Stelle einleitet. Jesus selbst ist es, der, ohne dass man ihn erst aufspüren müsste, das Geschehen in Gang setzt. Seine Frage »Wen sucht ihr« ist keine wirkliche Frage, sondern dient nur dazu, die Antwort der Gegner zu ermöglichen; diese wiederum veranlasst seine Selbstoffenbarung »Ich bin es«.[110] Zu seiner Identifizierung durch Judas muss es erst gar nicht kommen: Johannes lässt dieses Detail der synoptischen Passionsdarstellung ersatzlos aus und macht Judas in Joh 18,5b zum bloßen Statisten der Szene. Sein Handeln wird von Jesus nicht weiter kommentiert; wie der Leser über Judas denken soll, hat der Evangelist mehrfach zuvor klargemacht (vgl. Joh 6,70 f.; 12,6; 13,2.27).

Auf Jesu Antwort hin fallen seiner Gegner zu Boden.[111] Erst die erneute Initiative Jesu bringt das Ge-

---

mit Feindschaft von allen Seiten rechnen müssen. Allerdings hat Johannes diese Symbolik nicht sehr betont, und sie steht in gewisser Spannung zu seinem Pilatusbild (R. E. BROWN, John II, 816). Historisch ist eher fraglich, ob römische Soldaten an der Gefangennahme Jesu beteiligt waren: Jesus wäre dann unmittelbar zu Pontius Pilatus überstellt, nicht erst einem jüdischen Gremium vorgeführt worden (R. BULTMANN, Johannes, 493).

109 Die Erwähnung der Pharisäer in Joh 18,3 ist nicht historische Erinnerung, sondern Eintrag der Situation des johanneischen Kreises, der sich vor allem mit Juden pharisäischer Herkunft wegen seiner Verkündigung Jesu als des Messias auseinander setzen muss.

110 Diese Antwort verweist den Leser auf die johanneische Offenbarungsformel (vgl. Joh 13,19) und darüber hinaus auf die Selbstvorstellung des Gottes Israels (Ex 3,14: Ich bin der, als der ich mich erweisen werde).

111 Vgl. Ps 27,2: »Meine Bedränger und Feinde, sie müssen straucheln und fallen.«

schehen wieder in Gang. Jesus fordert nunmehr seine Gegner auf, nur ihn allein festzunehmen. Die Flucht der Jünger (Mk 14,50) wird in Vers 8 in eine Anweisung Jesu an die Häscher umgewandelt, sie unbehelligt abziehen zu lassen. Die Anweisung bringt zugleich die Fürsorge für die Seinen zum Ausdruck (vgl. Joh 10,28). Für den Evangelisten versteht sich von allein, dass Jesu Wort wirkt; eine Reaktion der Häscher wird nicht berichtet.[112]

8. Das Ende des Judas

8.1. Historische Erwägungen

Heutige Evangelienforschung fragt da, wo uns die literarischen Vorlagen eines Evangelisten nicht als Text zur Verfügung stehen, zuerst nach der literarischen Gestaltung und den Erzählinteressen des Evangelisten und erst dann nach Inhalt und Erzählinteressen der ihm möglicherweise voraus liegenden Einzelüberlieferungen; erst danach ist zu fragen, inwieweit der Text bzw. die ältere Tradition als Spiegelung eines historischen Geschehens ausgewertet werden kann.

Diese methodische Vorsicht hat ihren guten Grund: Schon der Versuch der Interpretation von Überlieferungen, die wir nicht wirklich greifbar vor uns haben, ist mit der Gefahr des Zirkelschlusses belastet, und die Divergenz der Ergebnisse zeigt den hypothetischen Charakter aller möglichen Deutungen! Zwar ermöglichen der spezielle Charakter von Mt 27,8 sowie der Vergleich mit Apg 1,15–20 eine gezielte traditionsgeschichtliche Rückfrage, doch gilt es auch hier, genau

---

112   J. Becker, Johannes II, 544.

zu benennen, was man mit guten Gründen vermuten kann und was als weniger gut nachweisbar zu gelten hat. Dann aber ist mit dem möglichen Nachweis älterer Traditionen immer noch nicht die Frage nach dem Bezug zum historischen Geschehen beantwortet; auch ältere Traditionen sind (hypothetisch in ihren Umrissen erschlossene) Texte, nicht das Geschehen selbst.

Ausgangspunkt der traditionsgeschichtlichen Analyse ist Mt 27,8: »Daher wurde jener Acker Blutacker genannt bis auf den heutigen Tag.« Hier liegt eine sog. Ätiologie vor: Es soll begründet werden, warum ein bestimmter Acker so und nicht anders heißt, und zur Begründung erzählt man sich diese Geschichte. Als weitere biblische Beispiele sind u. a. Gen 26,33 (Der Name der Stadt Beerscheba wird erklärt) und Gen 32,33 (ein bestimmtes Speiseverbot wird begründet) zu nennen.

Der aramäische Name dieses Ackers begegnet auch in Apg 1,18, ebenso wird die Tatsache der Umbenennung sowohl in Apg 1,18 als auch in Mt 27,7 erwähnt. Als Ergebnis lässt sich festhalten: Beide Texte weisen auf eine Überlieferung zurück, die das Ende des Judas mit einem bestimmten, namentlich bekannten Grundstück in der Nähe der Stadt in Verbindung brachte. Beide Texte haben ansonsten keine Berührungspunkte: Art und Zeitpunkt des Todes divergieren voneinander.

In Mt 27,3–10 soll, wie ein Blick auf die Darstellung Mt 27 insgesamt nahe legt, ein Kontrast zwischen dem reuigen Judas und den verblendeten Hohenpriestern gezeigt werden. Historische Erwägungen legen nahe, dass der in Mt 27,7 berichtete Ackerkauf durch die Hohenpriester wohl kaum am ersten Passatag stattfinden konnte. So wird hinsichtlich des Todeszeitpunktes dem Lukastext der Vorzug zu geben sein. Doch auch dieser

Text ist keine protokollarische Aufnahme des Geschehens. Es ist eine biblische Anspielung zu notieren, die sich dem Nachdenken eines Kenners der »Weisheit Salomos« verdanken kann, einer Schrift aus den alttestamentlichen Apokryphen: Die Worte »stürzte vornüber und barst mitten entzwei« aus Apg 1,18 weisen auf Weish 4,19, so dass der genaue Hergang des Todes offen bleiben muss. Dass der Todestermin noch vor dem ersten Wochenfest nach der Auferweckung Jesu gelegen habe, muss unsicher bleiben: Zwar ist es historisch gesehen möglich, dass der Zwölferkreis vor Beginn der christlichen Mission wieder vervollständigt wurde, um den Anspruch der Repräsentation des Zwölfstämmevolkes zu erneuern, aber eine Nachwahl wurde nicht erst durch den Tod des Judas notwendig, sondern bereits durch sein faktisches Ausscheiden aus der Gemeinde.

So zeigt die traditionsgeschichtliche Rückfrage, dass man den Namen eines bestimmten Grundstückes mit einem als außergewöhnlich empfundenen Tod des Judas in Zusammenhang brachte. Im Einzelnen blieb der Zusammenhang jedoch unklar (wer war der Besitzer des besagten Grundstücks, und wie hängt dessen Erwerb mit dem Tod des Judas zusammen?), und über die genaue Todesursache im Falle des Judas (Suizid oder Unfall oder, so Papias, Krankheit) wusste man nicht wirklich Bescheid.

Man wird zweierlei als historisch festhalten können: 1. Judas starb irgendwann nach dem Zeitpunkt der Gefangennahme, aber wohl kaum bereits am Todestag Jesu; die Todesursache ist unbekannt. 2. Nach der Gefangennahme Jesu ist er nicht mehr in die christliche Gemeinde zurückgekehrt.

8.2. Die Deutung in den Evangelien

8.2.1. Die Deutung in der Tradition vor Matthäus

In Mt 27,3–10 ist die genannte Tradition vom Blutacker mit einem Schriftzitat verbunden, das seinerseits hinsichtlich seiner Herkunft und seiner Deutung problematisch ist. Wie alt ist diese Verbindung? Unwahrscheinlich ist, dass das Bibelzitat in seiner jetzigen Form einmal selbständig überliefert wurde; auch erinnert der Name »Blutacker« nicht an die in Mt 27,9 f. zitierten Bibelworte. Die Einführungsformel Mt 27,9a entspricht der Systematik des Matthäus, bei negativen Ereignissen nicht zu schreiben »Das geschah aber, damit erfüllt würde, was geschrieben steht«, sondern »Da wurde erfüllt, was geschrieben steht« (vgl. Mt 2,17) – Gott sollte nicht als Urheber des Bösen benannt werden. So liegt auf den ersten Blick der Gedanke nahe, dass erst Matthäus eine ihm vorliegende Überlieferung vom Ende des Judas mit Hilfe des Bibelzitates gedeutet hat.

Doch bestehen methodische wie sprachliche Bedenken. Die Einführungsformel kann sekundär angepasst worden sein. Die sprachlichen Bedenken ergeben sich daraus, dass Matthäus in seinen Erfüllungszitaten zumeist nicht nach dem hebräischen Text des Alten Testaments, dem so genannten Masoretischen Text (MT) zitiert, sondern nach der griechischen Übersetzung, nach der Septuaginta (LXX). Im Unterschied dazu ist der Text von Mt 27,9 f., der nicht dem Jeremiabuch, sondern Sach 11,11–13 entstammt (dazu s. u.), weder mit der hebräischen noch mit der griechischen Fassung der Stelle völlig identisch. Der jeweilige Schluss der Vorlagen sei zum Vergleich angeführt:

– Sach 11,13 LXX: »Wirf das Geld in den Tempelschatz.«

- Sach 11,13 MT: »Wirf das Geld dem Schmelzer/Töpfer hin.«
- Mt 27,10: »Sie gaben/ich gab das Geld für den Acker des Töpfers.«

In Mt 27,10 am Ende ist bei gegenwärtigem Kenntnisstand der Textkritik zu Sach 11,13 der hebräische und nicht der möglicherweise auf eine ältere Vorlage zurückgehende griechische Text von Sach 11,13 vorausgesetzt, während der in Mt 27,5 beschriebene Gestus (»warf das Geld in den Tempel«) sich möglicherweise dem griechischen Text von Sach 11,13 verdankt. Mit dem hebräischen Wort *jozer* wird in Sach 11,13 MT derjenige bezeichnet, der Edelmetalle für den Tempelschatz einschmilzt, in Jer 18,1–10; 19,1–11 der Töpfer (vgl. Mt 27,10), der Tongefäße anfertigt.

So kann mit gewisser Wahrscheinlichkeit als Ergebnis formuliert werden, dass man ein bestimmtes Grundstück, dessen ursprünglichen Namen wir nicht kennen, mit dem Lebensende des Judas in Verbindung gebracht hat. Wurde die Geldforderung des Judas aus Mt 14,11 erschlossen, so bot sich Sach 11,11–13 als Grundlage an; als Kaufpreis sind dort 30 Silberlinge benannt. Die weitere Lektüre von Sach 11,11–13 MT führte zu der Namensgebung »Töpfersacker« für den ursprünglichen Flurnamen.[113] Die Verbindung der Stichworte »Töpfer« und »Geld« kann zusätzlich an Jeremia (Jer 18,1–10; 19,1–11) erinnert haben. Hält man hingegen, ohne dass man sich hierzu auf Apg 1,16–20 stützen kann, den Namen »Töpfersacker« für den ursprünglichen Flurnamen,[114] hätte das Stichwort »Töp-

---

113 W. WREDE, Judas, 144.
114 P. BENOIT, Tod des Judas, 176, lokalisiert dieses Grundstück in einer Gegend, wo die Täler des Kidron, des Tyropoion und des Hinnom zusammentrafen und wo tatsächlich die Töpfer ihre Produktionsstätten hatten.

fer« auf Sach 11,13 geführt, das Stichwort »Acker« zusätzlich auf Jer 18,1–10. In jedem Fall ist der Sinn dieser Kombination zwischen der Tradition des Ackers und dem Schriftzitat: Selbst in dem Kauf dieses Ackers erfüllt sich die Heilige Schrift.

Doch wie ist das Zitat vor allem am Ende zu verstehen? Wer ist mit dem »mir« gemeint, was mit dem »Befehl des Herrn?« Vers 9b kann übersetzt werden »und sie nahmen die 30 Silberlinge«, aber auch »und ich nahm ...«; in Vers 10 lesen einige Handschriften »und ich gab« statt »sie gaben«. Fasst man das Zitat durchgehend in der ersten Person Singular auf, wäre es als Selbstaussage des Judas zu deuten; Judas wäre somit »Prophet wider Willen«.[115] Der Vorzug dieser Interpretation besteht darin, dass sie dem Schluss von Vers 10 einen Sinn abgewinnen kann und den Bruch innerhalb Vers 10 vermeidet (»und sie gaben ... wie mir der Herr befohlen hat«). Der vordere Teil des Zitates wäre dann auf die Tatsache zu beziehen, dass Judas Geld genommen hat, der hintere Teil auf den Umstand, dass er das Geld zurückgegeben hat, das dann für den Kauf des Ackers verwendet wurde. Versteht man die Rückgabe des Geldes als Gottes Auftrag an Judas, dann wäre sie als prophetische Zeichenhandlung aufzufassen, die im Kontext dieser Erzählung dartun soll, wie die Hohenpriester von Gott verachtet werden. Freilich bleibt fraglich, ob Vers 10a in dieser verkürzten Formulierung den Inhalt der Verse 5–8 als Tat des Judas zusammenfasst.

8.2.2. Die Deutung durch Matthäus

Die Erzählintention des Matthäus ist vornehmlich an der Einordnung von Mt 27,3–10 in den jetzigen Zu-

---

115   P. Wick, Judas als Prophet wider Willen, 33.

sammenhang sowie an der literarischen Gestaltung vor allem von Vers 3–5 zu erheben.

Matthäus will in Mt 27,3–10 wie in Mt 27; 28 insgesamt die Unschuld Jesu und zugleich die Verbohrtheit der Hohenpriester und Ältesten hervorheben. Wie auch in Kapitel 28 ist die Anordnung der einzelnen Perikopen ein probates Mittel für den Evangelisten, die Hohenpriester und Ältesten zu belasten.

Die in Mt 27,1 berichtete Verurteilung Jesu zum Tod löst das in Vers 3 f. geschilderte Handeln des Judas aus. Judas bereut, was er getan hat, und will das Geschehen rückgängig machen. Eine letzte Möglichkeit, dass die Hohenpriester und Ältesten ihr Fehlverhalten korrigieren, wird eröffnet – und durch ihre Selbstverweigerung dem Bekenntnis des Judas gegenüber vertan: Sie erkennen, dass die 30 Silberlinge »Blutgeld« (Mt 27,6)[116] von »unschuldigem Blut« (Mt 27,4) sind, aber sie ziehen nicht die Konsequenz, vor Pilatus ihre Anklage gegen Jesus zurückzuziehen;[117] ebenso wenig erkennen sie in dem Unschuldszeugnis des Pilatus (Mt 27,24) und der Meldung der Wache nach Jesu Auferstehung (Mt 28,11) einen Hinweis auf ihren eigenen Irrtum.

Am Dom zu Benevent sind die Rückgabe der Silberlinge und die Beratung der Hohenpriester im Bild festgehalten (Abb. 8).

Dass Matthäus den Begräbnisplatz für Fremde symbolisch als Ausblick auf nachfolgendes Heil für die Fremden = Heiden aufgefasst haben soll, scheint mir eine Überdeutung des Textes zu sein.

---

116 Der Ausdruck »Blutgeld« bezieht sich auf das unschuldig vergossene Blut Jesu, nicht auf den Tod des Judas.

117 Schon in altkirchlicher Auslegung wurde das vermerkt, vgl. HILARIUS, Matth. 32,5, SC 258, 244; HIERONYMUS, Mt., PL 26, 213 A.

Abb. 8: Dom zu Benevent, Bronzerelief, Ende 12. Jh.:
Die Rückgabe der Silberlinge
(G. Schiller, Ikonographie II, S. 419 Abb. 277)

Doch wie beurteilt Matthäus das Handeln des Judas?
Gelegentlich wurde vermutet, Matthäus habe durch
die Wahl des Verbums *metameleomai* statt des üblichen
Bußterminus *metanoein* (vgl. Mk 1,15; Mt 3,2; 4,17;
11,20) ein unzureichendes Maß an Reue unterstellen
wollen. Doch ist das vom Begriff *metameleomai* her

nicht angezeigt: Dieses Wort benennt in Mt 21,29.32 das Verhalten, das Jesus von seinen Zuhörern erwartet hätte, lässt also auch in Mt 27,3 nicht auf eine nur halbherzige Reue schließen. Auch das Bekenntnis »ich habe gesündigt« (Vers 4) spricht dagegen.

Wie hat Matthäus den Suizid des Judas aufgefasst? Der Evangelist kommentiert dies nicht weiter, daher stoßen alle unsere Versuche des Verstehens an Grenzen.

Eher unwahrscheinlich ist die Erwägung, der im Judentum normalerweise verabscheute Suizid sei in bestimmten Situationen erlaubt, in denen sich der Gehorsam gegenüber der Thora nicht mehr habe verwirklichen lassen (4Makk 12,19; 16,24–17,1; Philo, Leg Gai 233–236). Eine solche Situation lag für Judas nicht vor. Ebenfalls unsicher bleibt, ob man im Judentum die Vorstellung, das Blut der Märtyrer schaffe Sühne für Israel (4Makk 17,20 f.) auch auf den Fall des Suizids bezogen hat. Ansonsten wird zumeist auf das Ende des Verräters Ahitophel 2Sam 17,23 verwiesen, oder man sieht den allgemeinen Gedanken ausgesprochen, dass den Frevler sein verdientes Geschick ereilt. Andere Ausleger interpretieren den Suizid des Judas als das Gericht, das ihn nach dem bereits erwähnten Fluch Dtn 27,25 treffen musste: Verflucht sei, wer Geschenke annimmt, dass er unschuldiges Blut vergießt. Dass Gott das Vergießen unschuldigen Blutes nicht ungestraft lassen wird, ist biblische Grundüberzeugung (vgl. 1Sam 19,5; 1Kön 2,5; 2Kön 24,2–4; Jer 19,4). Oder man stellt Bezüge zu Dtn 21,22 und 11QT 19, 54, 7–13 her: Der Tod durch Erhängen gilt als die Strafe für Volksverräter. Beide Bezüge setzen als Sicht des Matthäus voraus, dass in dem Suizid des Judas die göttliche Strafgerechtigkeit zum Ziel kommt: Da die Oberen Israels, hierin der Thora ungehorsam, die Strafe

105

nicht vollziehen, richtet Judas sich selbst und erfüllt somit die Thora. Zwar fügt sich diese Auslegung durchaus der Kontrastierung des reuigen Judas mit den verblendeten Oberen Israels, deren Verhalten in Mt 27,3–10 der andere wesentliche Gegenstand der Betrachtung ist, doch fehlen positive Hinweise im Text. Denn es ist auch möglich, dass Matthäus den Suizid des Judas als Erfüllung der Voraussage Jesu Mt 26,25 versteht – Matthäus hätte dann in der Darstellung des Markus diesbezüglich eine Lücke verspürt – und damit als Gericht Gottes bewertet. Die Frage muss offen blieben.

Auch die Frage, wie Matthäus das Schriftzitat verstanden hat, wird divergierend beantwortet. Eine allgemein überzeugende Antwort hat sich bisher nicht ergeben.

Dass Matthäus selbst die Einführung Mt 27,9a formuliert hat, steht angesichts der nahezu wörtlichen Parallele in Mt 2,17 außer Zweifel. Doch wie kommt es zu der Zuweisung dieses vornehmlich aus Sach 11 entwickelten Textes an Jeremia? Hieronymus hatte erwogen, Matthäus zitiere aus einem Jeremia-Apokryphon, die Erwägung jedoch wieder verworfen.[118] In neuerer Zeit wurde u. a. auf den Ackerkauf des Jeremia nach Jer 32 verwiesen (nach Jer 32,14 soll Jeremia den Kaufvertrag über einen neu gekauften Acker in Anatot in einem Tongefäß aufbewahren), doch was haben der Acker in Anatot und der Töpfer in Jerusalem miteinander zu tun? Ferner ist denkbar, dass Matthäus allgemein an Jeremia als Unheilspropheten gedacht hat (vgl. Mt 2,17); möglicherweise stand ihm auch der

---

118 HIERONYMUS, in Mt., PL 26, 213 BC. Die These vom Apokryphon Jeremias findet sich auch bei EUTHYMIUS ZIGABENUS, in Mt., PG 129, 709 C.

Kontext in Jer 19 (Gerichtspredigt an die Adresse der Ältesten des Volkes Israel und der Priester) vor Augen. Einfacher ist der Verweis auf das Stichwort, das beiden Textgruppen, Sach 11,13 MT einerseits und Jer 18,2 f.; 19,1–11 gemeinsam ist, das Wort *jozer* (»Bildner/Töpfer«; s. o.). So kann man die Zuweisung an Jeremia (wie bereits Origenes) als bloßen Gedächtnisfehler des Evangelisten erklären; einige wenige Bibelhandschriften haben den Namen »Jeremia« durch »Sacharja« oder »Jesaja« (!) ersetzt oder ersatzlos getilgt.[119] Ein solcher Gedächtnisfehler ist nicht ganz von der Hand zu weisen – Ist im Zeitalter des gedruckten Buches der Besitz einer vollständigen Bibel für interessierte Christen in den reichen Ländern des Westens eine Selbstverständlichkeit, so kann man in der Zeit der Antike, in der Bücher nur in Form von Einzelabschriften existierten, nicht davon ausgehen, dass ein Mann wie Matthäus die ganze Heilige Schrift Israels, aufgeteilt auf mehrere Schriftrollen, in seinem Besitz hatte.

Doch auch das Zitat selbst bereitet auf der Ebene des Matthäusevangeliums Schwierigkeiten. Der Bezug der Verben »ich nahm« und »ich gab« (nach anderer Lesart!) und des Schluss-Satzes Vers 10b (»wie mir ...«) scheitert zumindest für die Ebene des Evangelisten Matthäus an der Systematik der Einführungsformel (s. u.): Dass Gott dem Judas das »Ausliefern« geboten haben soll, ist für Matthäus undenkbar. Man wird für die Ebene des Matthäusevangeliums insgesamt der Deutung in der dritten Person den Vorzug geben und als Bezugspunkt des Zitates das Verhalten der Hohenpriester annehmen. Selbst in ihrem Handeln erfüllt

---

119   Letztere Maßnahme spiegelt die damalige Überzeugung wider, es stehe dem Menschen nicht zu, den von Gott inspirierten Evangelisten korrigieren zu wollen.

sich die Heilige Schrift – aber in der Weise, dass sie als diejenigen dastehen, die das in Jesus Christus ergangene Heilsangebot Gottes ablehnen.

8.2.3. Die Deutung durch Lukas

Dass Lukas in Apg 1,16–20 einer älteren Tradition folgt, ist schon zu Mt 27,3–10 angeklungen: Beide Texte setzen voraus, dass ein bestimmtes, namentlich bekanntes Grundstück etwas mit dem Lebensende des Judas zu tun hat.[120] Über den Zeitpunkt des Todes hat die vorlukanische Tradition vermutlich keine Notiz aufbewahrt.

Ebenfalls noch vor Lukas ist Ps 69,26 auf das Geschick des Judas gedeutet worden: Auf denselben Psalm wird in dem literarkritisch von Apg 1,20 unabhängigen Papiasfragment 3 angespielt. Das Zitat in Apg 1,20 ist dem zu »beweisenden« Sachverhalt angepasst:

– Ps 69 (68),26 LXX: Ihr Haus soll wüst werden, und in ihren Wohnungen soll niemand wohnen.
– Apg 1,20a: Sein Haus soll wüst werden, und niemand drin wohnen.

Der Evangelist hat diese Tradition vom Ende des Judas mit einer anderen alten Erzählung von der Zuwahl des Matthias in ein gemeindeleitendes Gremium verbunden[121] und das Ausscheiden des Judas als äußeren Anlass der Nachwahl des Matthias in den Zwölferkreis

---

120 Die Verse Apg 1,18 f. enthalten alte Tradition, sind aber nicht als Bestandteil einer originalen Petrusrede zu verstehen, sondern von Lukas zur Verdeutlichung für seinen Leser eingefügt: In Jerusalem konnte man um den Tod des Judas wissen und war vor allem nicht auf eine Übersetzung des Namens Hakeldamach angewiesen.

121 Zur literarkritischen Diskussion der Perikope vgl. die Angaben bei J. JERVELL, Apostelgeschichte, 129 Anm 129.

verstanden. Aus der Tradition hat er den Vorgang des Schriftbeweises als solchen übernommen, denn er kam seinen eigenen Gedanken hierzu entgegen. Die Formulierung in Vers 16 verrät etwas über sein Schriftverständnis, das er in Grundzügen mit den meisten Christen geteilt haben dürfte: David gilt als menschlicher Verfasser der Psalmen, doch durch ihn spricht letztlich der Heilige Geist. Doch hat Lukas in der Verwendung dieses Schriftbeweises, aber auch sonst, in Apg 1,15–26 eigene Akzente gesetzt:

1. Lukas geht es in seinem Gesamtwerk darum, die Geschichte, wie das Evangelium die Leserinnen und Lesern erreichte, als eine durch Gott gewirkte und angekündigte und darin den Heilsstand der Adressaten verbürgende Geschichte zu beschreiben. Die Heilige Schrift ist Schlüssel zum Verstehen des Geschicks Jesu, der Heilige Geist gibt nachösterlich an wichtigen Stationen der Kirchengeschichte bestimmten Menschen die entscheidenden Einsichten und Aufträge. Geist und Schrift sind bei Lukas erstaunlicherweise gar nicht so häufig in ein- und demselben Zusammenhang genannt. Apg 1,16 hat eine Parallele in Apg 4,25, wo ebenfalls der Heilige Geist durch den Mund Davids (es wird Ps 2,1 zitiert) die Bedrängung der Gemeinde voraussagt. Dass gerade zu diesem Thema »Feindschaft gegen Jesus und die Kirche« Schrift und Geist miteinander verbunden sind, dient sozialpsychologisch gesehen der Selbstbestätigung einer gesellschaftliche Ausgrenzung und Verfolgung erlebenden Gruppe: Indem der Heilige Geist diese Feindschaft voraussieht und in der Heiligen Schrift ankündigt, wird der Gott dieser Gruppe als Herr auch der äußeren Geschichte bezeugt.

2. Judas hatte nach Apg 1,17 das »Los dieses Dienstes« (d. h. die bevorrechtigte Stellung, zum innersten

Kreis um Jesus zu gehören) erlangt, d. h. er war Mitglied des Zwölferkreises, ist es nun aber nicht mehr. Von der Nachwahl wird wegen der ehemaligen Zugehörigkeit des Judas zum Zwölferkreis erzählt, nicht, weil Judas als irgendein Jünger sich von Jesus distanziert hat. Auch die Nachwahl wird mit einem Schriftzitat begründet[122] und entspricht somit dem Willen Gottes, wie er in der Heiligen Schrift niedergelegt ist. Vers 21 f. benennt als entscheidendes Kriterium des Aposteldienstes die Augenzeugenschaft während des gesamten irdischen Wirkens Jesu (wozu auch die Auferstehung gerechnet wird). Auch Judas hätte teilgehabt an der Aufgabe, für »die Absicherung der die Kirche begründenden Überlieferung«[123] und somit für die Kontinuität der Verkündigung zwischen Jesus und der Kirche zu sorgen.

3. Dass sich Judas ein kleines Landgut kauft, mag als solches für Lukas einen Verrat an urchristlichen Idealen darstellen: Die Jünger üben Besitzverzicht, Judas erwirbt Eigentum.[124]

4. Judas stirbt den Tod eines Gottesfeindes. Der Tod durch einen Sturz kopfüber ist das Schicksal des Frevlers nach Weish 4,19, berechtigt insofern, als sich Judas an Jesus dem leidenden Gerechten (Lk 23,47) vergangen hatte.[125] Weitere Texte, die sich dem Motivfeld »Bestrafung« eines Gottesverächters zuordnen lassen, sind Apg 12,20–23 und Apg 9. Der jeweilige Zusammenhang von Apg 1,18 f. und Apg 12,20–23 zeigt, dass das Handeln der Gottesverächter der Entwicklung der christlichen Gemeinde und ihrer Ausbreitung nicht

---

122 Wohl erst Lukas hat Ps 109,8 auf diese Nachwahl bezogen (so T. Holtz, Untersuchungen, 44–48).
123 J. Roloff, Apostelgeschichte, 36.
124 H.-J. Klauck, Judas, 108.
125 H.-J. Klauck, Judas, 104.

wirklich schaden kann; in Apg 9 wird sichtbar, dass Gott in der Lage ist, einen Feind des Christentums zu dessen großem Missionar zu verwandeln. Diese Gewissheit soll den durch Bedrängnisse um des Glaubens willen angefochtenen Leser trösten. Allerdings ist Judas auch von Bedeutung als Beispiel für das Strafgericht Gottes,[126] und Apg 1,25 (»er ging an den Ort, für den er bestimmt war«) enthält eine Warnung:[127] Der dem Verräter gebührende Ort ist der Straftod,[128] und so wie Judas wird es jedem ergehen, der in solch gravierender Weise an der christlichen Gemeinde schuldig wird. Ein weiteres innergeschichtliches Strafgericht an christlichen Gemeindegliedern führt Apg 5,1–11 vor Augen.[129]

---

126 C. K. BARRETT, Acts, 93.
127 K. PAFFENROTH, Judas, 22.
128 G. SCHNEIDER, Apostelgeschichte, 220. Andere Ausleger sprechen vom »Fluchtod« (R. PESCH, Apostelgeschichte, 90), von der »Hölle« (H. CONZELMANN, Apostelgeschichte, 24; J. ROLOFF, Apostelgeschichte, 34), vom »ewigen Verderben« (A. WEISER, Apostelgeschichte, 70, der allerdings auf die dogmatisch begrenzte Reichweite des Urteils verweist). Die Deutung ist allerdings nicht unumstritten. Man kann »seinen Ort« auch als das von ihm gekaufte Grundstück verstehen (H.-J. KLAUCK, Judas, 109) oder die Wendung übertragen auf den Platz an der Seite der Gegner Jesu interpretieren (so R. PESCH, Apostelgeschichte I, 90 f., für die vorlukanische Tradition).
129 K. DORN, Judas, 59 f.

C. DIE WIRKUNGSGESCHICHTE

In der folgenden Darstellung werden nicht einzelne
Formen der Rezeption (Literatur, Kunst, Musik etc.)
unterschieden, denn es waren ein und dieselben Menschen, die an mehreren dieser Formen teilhaben konnten. Wir versuchen deshalb innerhalb der einzelnen
Epochen (alte Kirche; vom Mittelalter bis zur Aufklärung; Neuzeit) eine thematische Gliederung.

1. JUDAS IN ALTKIRCHLICHER WAHRNEHMUNG

In der Alten Kirche[130] wird Judas zunächst als Prototyp
des Sünders, dann aber auch des unvollkommenen Büßers wahrgenommen; an seiner Person und seinem Geschick werden Fragen der menschlichen Willensfreiheit wie der göttlichen Vorherbestimmung erörtert.

Die Quellen für unsere Darstellung der altkirchlichen Wahrnehmung seien kurz benannt: In gelegent-
lichen Äußerungen wird Judas als Prototyp des Zweiflers, des von Gott gestraften Gottesverächters, des
Habgierigen, des Heuchlers und Lügners herangezo-
gen. In den altkirchlichen Kommentaren zu den Evangelien und zur Apostelgeschichte werden erwartungs-
gemäß auch das Handeln und das Schicksal des Judas
erörtert; einige Autoren (Johannes Chrysostomus, Ps.-
Eusebius von Emesa und Basilius von Seleukia)[131]
widmen ihm eigene Predigten.

---

130 Zur Wahrnehmung des Judas in der alten Kirche vgl.
D. HAUGG, Judas Iskarioth, 20–48; W. VOGLER, Judas,
126–135.

131 JOHANNES CHRYOSOSTOMUS, de proditione Iudae hom.
1–2, PG 49, 373–392; Ps.-EUSEBIUS, De proditione Iudae,

Das im Vergleich zur Neuzeit wenig differenzierte Bild der Judasgestalt muss auf dem Hintergrund altkirchlicher Hermeneutik betrachtet werden. In ihr gelten die Evangelien als historisch zuverlässig und zugleich als inspiriert; so werden sie nicht kritisch hinterfragt, vielmehr wird im Falle gegenseitiger Widersprüche nach einem Ausgleich gesucht. Altkirchliche Schriftauslegung fragt nicht nach dem kritisch gesicherten Minimalkonsens, sondern nach der Fülle der in den verschiedenen biblischen Schriften divergierend bezeugten und doch in sich einen und zusammenstimmenden Wahrheit Gottes.

Für die zumeist undifferenzierte Betrachtung der Judasgestalt ist aber auch seine Funktionalisierung im Sinne antiker Biographie verantwortlich, die das Leben und das Wirken eines Menschen vornehmlich unter dem Gesichtspunkt seiner Brauchbarkeit als Beispiel für bestimmte Tugenden oder bestimmte Laster beschreibt.[132] Deshalb entstehen, gewissermaßen als Gegenstück zu den Lebensberichten über die Heiligen, die zum Tun des Guten anspornen wollen, in späterer Zeit auch legendarische Erzählungen, die – getreu dem genannten moralischen Zweck antiker Biographie – die Person des Judas insgesamt als abschreckendes Beispiel vor Augen stellen.

Zunächst sei das altkirchliche Bild der »historischen« Judasgestalt zitiert: Der Beiname wird im Allgemeinen als Ortsangabe aufgefasst,[133] gelegentlich

---

PG 86, 525–536; BASILIUS VON SELEUKIA, in proditionem Iudae, PG 28, 1047–1053.

132 Vgl. schon den Anfang des zweiten Papiasfragmentes (s. u.): Als ein großes Beispiel von Gottlosigkeit wandelte Judas in dieser Welt.

133 JOHANNES CHRYSOSTOMUS, prod. Iud. 1,2, PG 49, 376.

wird auch die Herkunft aus dem Stamm Issachar daraus entnommen.[134]

Name und Beiname werden nicht selten etymologisch erklärt[135] bzw. als Weissagung auf sein Geschick gedeutet.[136] Judas wird wie schon in Lk 6,16 zumeist mit dem Wort *prodotes* bezeichnet,[137] seine Tat mit *prodidonai* (verraten).[138] Dieser Sprachgebrauch ist auch dem Christentumskritiker Kelsos vollkommen geläufig, aus dessen Buch Origenes zitiert.[139] Die Frage nach der Motivation für Judas beantwortet sich zumeist durch Joh 12,6: Judas gilt als geldgierig.[140] Der Betrag der 30 Silberlinge gilt im Allgemeinen als geringwertig[141] –

134 Erwogen von HIERONYMUS, in Mt, PL 26, 64 CD.

135 ORIGENES deutet den Namen des Heimatortes Judas' etymologisch als »die ganz Erstickte« (exsuffocata, von *rakas* »verstopfen«?): Judas hat durch seinen Erstickungstod die Prophezeiung in der Benennung seiner Heimat erfüllt (ORIGENES, in Mt. comm. ser. 78, GCS 38, 187). – Später wird auch der Name Judas etymologisch gedeutet und von *hdy II* »bekennen« abgeleitet (PASCHASIUS RADBERTUS, in Mt., PL 120, 885 A) vgl. Ps 32,5 (Sünde bekennen).

136 HIERONYMUS, in Mt, PL 26, 64 CD, deutet die Angabe Issachar aufgrund von Gen 49,15 als »Lohn«.

137 Ob Lk 6,16 diesen Sprachgebrauch unmittelbar bestimmt hat, muss freilich offen bleiben – die Rezeptionsgeschichte der neutestamentlichen Schriften ist in der Frühzeit (bis vor Irenäus, ca. 145–200) nicht nur in dieser Frage kaum eindeutig fassbar.

138 Das neutestamentliche *paradidonai* (ausliefern) steht natürlich weiterhin im Fall von Schriftzitaten, ebenfalls dann, wenn die Auslieferung Jesu durch Judas ins Verhältnis gesetzt wird zur Auslieferung Jesu durch Gott (Röm 8,32 u. ö.) bzw. zur Selbstauslieferung Jesu (Gal 2,20 u. ö.).

139 ORIGENES, Cels. 2,12.18, GCS 2, 140.147.

140 HIERONYMUS fügt als Motivation hinzu, Judas habe den durch die Salbung in Bethanien entstandenen Verlust kompensieren wollen (Hieronymus, in Mt., PL 26, 200 B).

141 GREGOR VON NAZIANZ, or. 36,5, SC 318, 252.

umso unverständlicher erscheint daher das Handeln dieses Jüngers.[142] Die biblischen Berichte über das Lebensende des Judas (Mt 27,3–10; Apg 1,18 f.) werden zunächst unabhängig voneinander weitertradiert. Apollinaris[143] kombiniert diese Texte sowie das einschlägige Papiasfragment (Frgm. 3, s. u.) wie folgt: Nicht durch Erhängen (Mt 27,5) starb Judas – man hatte ihn vor dem möglichen Tod heruntergeholt –, sondern durch Unfall (Apg 1,18) nach langer schwerer Krankheit (Papias).

Dieses »historische« Judasbild ist nach altkirchlichem Bibelverständnis in seinen einzelnen Facetten im Alten Testament vorabgebildet. Die so genannte typologische Auslegung erfasst alttestamentliche Personen, Ereignisse und Einrichtungen als (positive oder negative) Vorausdarstellungen neutestamentlicher Personen, Ereignisse und Einrichtungen. So sind auch für das Handeln und das Schicksal des Judas mehrere Vorabbildungen im Bewusstsein der altkirchlichen Theologen, u. a. Joab, der Abner (2Sam 3,27) und Amasa (2Sam 20,9 f.) hinterhältig umbrachte, Ahitophel, der David verriet und sich erhängte (2Sam 17), sowie Absalom, der sich gegen David auflehnte und ebenfalls auf unnatürliche Weise ums Leben kam (2Sam 18). Aber auch der bereits neutestamentliche »Schriftbeweis« wurde weiterhin betrieben: Vor allem Ps 109 wurde als Judaspsalm gelesen.[144]

Der Kerngedanke dieser Lektüre des Alten Testamentes war ein doppelter: Das Christusereignis ist im Alten Testament schon längst vorangekündigt, und

---

142 Ps.-Eusebius vom Emesa, De proditione Iudae, PG 86, 529 A; Leo d. Gr., tract. 67,4, CC.SL 138 A, 410 f.

143 Apollinaris, Frgm. 136 (Reuss).

144 Doch zeigt sich, dass aus dieser Psalmlektüre kein konkreteres Bild des Judas erwächst.

das Alte Testament ist nur in diesem Lichte richtig zu verstehen. Der geschichtliche Hintergrund ist ebenfalls ein doppelter: Die Christen mussten einerseits gegenüber Griechen und Römern aufweisen, dass das Christentum nicht wirklich etwas Neues war in der Geschichte – bestimmten einflussreichen griechisch-römischen Kreisen war alles Neue in der Geschichte und vor allem in der Religionsgeschichte verdächtig. Andererseits musste gegenüber den Juden gerechtfertigt werden, dass man sich in der Einschätzung des Jesus von Nazareth sowie in den rituellen Fragen von ihnen unterschied, gleichwohl aber ihre Heilige Schrift (in leicht veränderter Gestalt) als ersten Teil der eigenen Heiligen Schrift beanspruchte. Der zweite Grund blieb auch dann erhalten, als der erste im Zuge der offiziellen durchgehenden Christianisierung des Vorderen Orients und Europas gegenstandslos geworden war.

1.1. Judas als Sünder

1.1.1. Judas als Prototyp des Zweiflers

Von Papias von Hierapolis (um die Mitte des zweiten Jhs.) ist ein einziges Werk bekannt mit dem Titel *Fünf Bücher der Auslegung von Herrenworten*. Nur wenige Fragmente sind erhalten, zwei dieser Fragmente beziehen sich auf Judas.

In dem ersten einschlägigen Fragment wird zunächst ein apokryphes Herrenwort zitiert, das die wunderbare Fruchtbarkeit im messianischen Reich schildert:[145]

---

145 Übersetzung durch A. LINDEMANN/H. PAULSEN, Die apostolischen Väter. Griechisch-deutsche Parallelausgabe, Tübingen 1992, 289–291.

»Es werden Tage kommen, da werden Weinstöcke wachsen, ein jeder einzelne mit zehntausend Reben ... und an jeder einzelnen Traube mit zehntausend Beeren ... Das ist glaubhaft für die Glaubenden.« Und als der Verräter, wie Papias sagt, nicht glaubte und fragte »Auf welche Weise werden solche Fruchtbarkeiten vom Herrn zustandegebracht werden?«, da habe der Herr gesagt: »Sehen werden es die, die in jene (Zeiten) kommen.«

Hier erscheint Judas als Typ des notorischen Zweiflers. In diese Deutungskategorie gehören auch die Äußerungen des Origenes (ca. 180–254) hinein, der sich gegen den Christentumskritiker Kelsos zur Wehr setzt, der aus der Tatsache des Verrates Jesu durch Judas auf die Minderwertigkeit Jesu geschlossen hatte.[146] Origines schreibt:

»Judas war in widerstreitende und entgegengesetzte Urteile über seinen Lehrer verfallen: er war weder mit ganzem Herzen Jesu feindlich gesinnt, noch bewahrte er ihm mit ganzem Herzen die Ehrfurcht, die ein Schüler seinem Lehrer schuldig ist.« Diese Interpretationslinie hält Origenes auch im Weiteren durch: Der Kuss des Judas erfolgte nicht ohne Zeichen der Ehrerbietung; Judas' Reue ist Zeichen für die Gewalt, die Jesu Lehren über seine Jünger auszuüben vermochte. In dem Suizid spricht Judas sich selbst das Urteil und zeigt damit, welche Gewalt die Lehre Jesu selbst über einen Sünder wie Judas ausübte, »diesen Dieb und Verräter, der das, was er von Jesus gelernt hatte, nicht gänzlich missachten konnte«.

1.1.2. Judas als Prototyp des gestraften Gottesverächters

Auch diese Deutungslinie beginnt bei Papias von Hierapolis (Frgm. 3,2):[147]

---

146 ORIGENES, Cels. 2,11, GCS 2,139, Übersetzung durch P. KOETSCHAU, Des Origenes acht Bücher gegen Celsus aus dem Griechischen übersetzt, 1. Teil, Buch I–IV, BKV (2. Aufl.) 52, München 1926, 119.

147 Übersetzung durch A. LINDEMANN/H. PAULSEN, Die apostolischen Väter, 295–297.

»Als ein großes Beispiel von Gottlosigkeit wandelte Judas in dieser Welt, indem sein Körper so sehr anschwoll, daß nicht einmal dort, wo ein Wagen leicht hindurchgeht, er hindurchgehen konnte, ja nicht einmal allein die Masse seines Kopfes. Seine Augenlider nämlich, heißt es, seien so sehr angeschwollen, daß er einerseits das Licht überhaupt nicht mehr sah, und daß andererseits seine Augen (sogar) durch den Augenspiegel vom Arzt nicht gesehen werden konnten; so tief lagen sie unter der äußeren Oberfläche. Sein Schamglied erschien widerwärtiger und größer als jegliches Schamglied; er trug aber Eiterströme an sich, die aus dem ganzen Körper flossen, und Würmer, zur Qual schon allein aufgrund der (natürlichen) Bedürfnisse. Als er, hieß es, nach vielen Qualen und Strafen auf seinem eigenen Grundstück zugrundegegangen war, blieb aufgrund des Gestanks das Land öde und unbewohnbar bis jetzt, und nicht einmal bis zum heutigen Tag kann jemand an diesem Ort vorübergehen, ohne dass er sich die Nase mit den Händen zuhält. Eine so starke Ausdünstung verbreitete sich von seinem Körper auch über die Erde.«

Historisch ist das Fragment insofern von Gewicht, als es ähnlich wie Apg 1,15–20 zeigt, dass der Todestermin und die Todesart von Mt 27,3–10 nicht als die einzige altkirchlich bekannte Tradition zu gelten haben. Dass es auch im positiven Sinne historische Bedeutung hat, nämlich als Tradition über die wahre Todesursache des Judas, ist zu verneinen. Zu deutlich ist dieser Text von charakteristischen Motiven einer »Erzählung« geprägt, als dass die berichteten Einzelheiten als historisch glaubwürdig gelten könnten. Texte dieser Art wurden in der nichtjüdischen Antike, aber auch in den Alttestamentlichen Apokryphen (2Makk 9: der Tod des Gottesfeindes Antiochus IV. Epiphanes) und im Neuen Testament (Apg 12,20–23: der Tod des Christenverfolgers Herodes Agrippa I.) erzählt. Typisch sind die schlimme Krankheit und die schrecklichen Schmerzen, die als Strafe der beleidigten Gottheit zu gelten haben, ebenso die Würmer und der abscheuliche Gestank.

Was uns an dem Papiasfragment nur als wilde Wucherung krankhafter Phantasie erscheint, ist freilich, wie schon Gelehrte vergangener Generationen erkannt haben,[148] Ergebnis eines Umgangs mit der Bibel, der diese auch in Einzelheiten als erfüllt sehen will.

Schon in der Apg 1,18 f. vorausliegenden Tradition sind zwei Psalmverse zitiert:

Ps 69,26: Seine Wohnstatt soll verwüstet werden, und niemand wohne darin.
Ps109,8: Sein Amt soll ein anderer empfangen.

Papias hat in diesen Psalmen weiter gelesen und folgende Aussagen darin gefunden:

Ps 109,18: Er zog den Fluch an wie ein Gewand; der dringe in ihn ein wie Wasser und Öl an seine Gebeine.
Ps 69,24: Ihre Augen sollen verfinstert werden, daß sie nicht mehr sehen.

Diese Aussagen hat Papias wörtlich verstanden und im Krankheitsgeschick des Judas erfüllt gesehen. Der Vers aus Ps 109,18 erklärt das Motiv vom Anschwellen des Körpers, der aus Ps 69,24 das Motiv vom Anschwellen der Gesichtspartie, so daß Judas nicht mehr sehen kann.

Dass Judas zu Recht von Gott für seine Tat gestraft wird, ist Konsens. Da wo man daran festhält, dass Judas tatsächlich bei der Stiftung des Herrenmahls Christi Leib empfangen hat, ist er Beispiel für den Satz 1Kor 11,27: wer unwürdig das Brot isst und den Kelch des Herrn trinkt, wird schuldig an Leib und Blut Christi.[149]

Dass Judas zu Recht von Gott für seine Tat gestraft wird, ist natürlich auch da vorausgesetzt, wo sich das Motiv der gerechten Bestrafung verselbständigt. So wird manchmal in christlichen Grabinschriften einem Grabschänder oder Grabräuber die Strafe des Judas angedroht, ohne dass diese Strafe näher bestimmt

148   W. Wrede, Judas Ischarioth, 145.
149   Augustin, Io. ev. tr. 62,1, CC.SL 36, 483.

wird.[150] Wir geben ein Beispiel aus Delphi (Griechenland):[151]

»Die frömmste Diakonisse Athanasia, die ein untadeliges Leben geführt hat in Anstand, ist eingesetzt worden als Diakonisse durch den allerheiligsten Bischof Pantamianos. Sie hat dieses Denkmal gesetzt. Hier liegen ihre sterblichen Überreste. Wenn jemand anderes es wagt, dieses Grabmal zu öffnen, wo die Diakonisse bestattet wurde, dann soll er das Los des Judas, des [Verräters] unseres Herrn Jesus Christus erleiden.«

Ebenfalls mit Bezug auf Judas schildert der Kirchengeschichtsschreiber Theodoret von Kyros (ca. 393–ca. 466) das Ende des als Ketzer verurteilten Arius (ca. 260–ca. 336):[152]

Die Parteigänger des Arius wollen von Alexander von Alexandria die Wiederaufnahme des Arius in die Kirchengemeinschaft erzwingen, Alexander betet darum, dass Gott ihn sterben lässt, wenn das geschehen sollte. »So betete der Bischof, dann aber zog er sich zurück voll Sorge und Kummer. Und nun geschah etwas Wunderbares und Unerwartetes. Die Eusebianer (die Anhänger des Arius) hatten gedroht, der Bischof betete, Arius aber, durch die Eusebianer zuversichtlich gemacht, erging sich in vielen Prahlereien, begab sich in einen Abort, anscheinend um eines natürlichen Bedürfnisses willen, da plötzlich stürzte er, wie geschrieben steht, vornüber und barst mitten entzwei und hauchte am Boden liegend sofort seine Seele aus und ging so beider verlustig, sowohl der kirchlichen Gemeinschaft wie auch des Lebens.«

Umgekehrt kann Judas in Exorzismen »positiv« rezipiert werden:

---

150 Das bemerkt auch B. McLean, Epitaph, 243.
151 Übersetzung durch U. Eisen, Amtsträgerinnen, 180 f.; weitere Texte bei P. W. van der Horst, Note, 146–148; B. McLean, Epitaph, 241 f.; zum Judasfluch im Mittelalter vgl. B. Dieckmann, Judas, 83–86.
152 Theodoret von Kyros, h. e. 1,14,6–8, GCS NF 5, 57. Diese Tradition vom Tod des Arius ist wieder aufgenommen bei dem englischen Kirchenschriftsteller Beda Venerabilis (ca. 673–735), exp. Ac. I,18, CC.SL 121,12 f.

»O Fieber, [...] verliere deine Hitze, wie Judas seine Farbe verloren hat, als er unseren Herrn betrog.«[153]

1.1.3. Judas als Prototyp des Denunzianten

Im Martyrium des Polykarp 6,2 begegnet jene Judas-
Deutung wieder, die uns als Möglichkeit bereits für
das Markusevangelium vor Augen stand, allerdings
ist auch hier das allgemeine Wort »dahingeben« durch
das speziellere »verraten« ersetzt, das sich hier auf die
Preisgabe des Aufenthaltsortes bezieht:[154]

Und da sie (die Häscher) ihn (Polykarp) nicht fanden, ergriffen sie
zwei junge Sklaven, von denen einer auf der Folter bekannte. Es
war nämlich unmöglich, daß er verborgen blieb, da diejenigen, die
ihn verrieten, seine Hausgenossen waren. Der Irenarch, der denselben Namen Herodes trug, beeilte sich, ihn in das Stadion zu bringen, damit jener dort sein Geschick vollende, indem er an Christus
Anteil bekommt, die ihn verrieten, aber die Strafe des Judas treffe.

Die Strafe an den Denunzianten wird nicht als innergeschichtliches Geschehen erzählt – freilich lag das

---

153 Mitgeteilt bei K. Paffenroth, Judas, 31.
154 M. Polyk 6,2 (Übersetzung durch A. Lindemann/H.
Paulsen, Die apostolischen Väter, 267). W. Vogler, Judas,
122, erwägt zu Recht, dass Papias mit der Betonung des
»Unglaubens« des Judas das Bild des Judas im Johannesevangelium teilt. Unsicher hingegen ist der von Vogler,
Judas, 120, vermutete Bezug auf Judas im sog. »Hirten
des Hermas«, einer in Rom entstandenen apokalyptischen
Schrift aus der ersten Hälfte des 2. Jhs. (sim. IX 19,1): Dort
wird eine bestimmte Gruppe von Sündern charakterisiert:
»Von dem ersten Berg, dem schwarzen, stammen solche
Gläubige: Abtrünnige, Lästerer des Herrn und Verräter
der Knechte Gottes. Für sie gibt es keine Buße, sondern
(nur) den Tod. Und darum sind sie auch schwarz. Denn
ihre Art ist ruchlos.« Der Satz »Und es gibt keine Buße für
sie« ist wohl weniger Anspielung auf Mt 27,3–5 (Reue
und gleichwohl Suizid des Judas), sondern will besagen,
dass für diese Menschen eine Buße, d. h. eine Wiederaufnahme in die christliche Gemeinde nicht möglich ist.

möglicherweise nicht in der Absicht des Erzählers, so dass nicht zwingend an Höllenstrafen gedacht werden muss. Andererseits bleibt unklar, ob auf Apg 1,16–20 oder auf die in den Papiasfragmenten angesprochene Strafe angespielt wird. Jedenfalls wird Judas zum Prototyp der Verräter und Denunzianten in der Kirche.

1.1.4. Judas als Prototyp des Habgierigen

Als Prototyp des Habgierigen erscheint Judas aufgrund der biblischen Vorlage Joh 12,6 öfter, ebenfalls schon bei Origenes,[155] ferner in den gnostischen Thomasakten,[156] dann aber vor allem bei Johannes Chrysostomus, bei dem das Thema nicht nur im Rahmen des Üblichen abgehandelt wird. Ihm stand das Auseinanderklaffen zwischen Arm und Reich in der Hauptstadt Konstantinopel vor Augen, und seine diesbezüglichen Predigten haben am Kaiserhof deshalb Missfallen erregt. Habgier, so der Prediger, ist die Wurzel allen Übels und zudem unvernünftig; sie widerspricht der Weisung Jesu (Mt 10,9), man solle sich kein Gold, kein Silber, kein Geld in seinen Gürtel verschaffen.[157]

1.1.5. Judas als Prototyp des Heuchlers und Lügners

Der Vorschlag des Judas, die büßende Sünderin hätte das Geld besser zur Fürsorge für die Armen bereitgestellt (Mt 26,9), ist nach Basilius von Seleukia (gest.

---

155 ORIGENES, in Mt., comm. ser. 78, GCS 38, 187 f.; PS.-EUSEBIUS, De proditione Iudae, PG 86, 528 AB.

156 »Enthaltet euch [...] des Diebstahls, welcher Judas Iskarioth anlockte und dann zum Erhängen brachte« (ActThom 84; Hinweis bei W. VOGLER, Judas, 129).

157 JOHANNES CHRYOSOSTOMUS, de proditione Iudae hom. 2,3 PG 49, 386; DERS., in Mt, 85,2, PG 58, 761; vgl. aber schon PS.-EUSEBIUS, De proditione Iudae, PG 86, 529 B.

468) reine Heuchelei.[158] Ebenso war der Judaskuss heuchlerische Verstellung.

1.1.6. Judas als Prototyp des verstockten Juden

Ein verhängnisvoller Teil der Wirkungsgeschichte der Judasgestalt war seine Wahrnehmung als Prototyp des verstockten Juden, wie sie sich in Andeutungen bei Hilarius von Poitiers (ca. 315–367), Augustin (354–430), Johannes Chrysostomus (340–407) und Prosper von Aquitanien nachweisen lässt, wie sie dann aber vor allem im Mittelalter das Bewusstsein bestimmt und z. B. im Oberammergauer Passionsspiel bis zur Textrevision von 2000 spürbar blieb.

Nach Hilarius von Poitiers verwendete Israel, in Judas repräsentiert, allen Eifer darauf, den Namen des Herrn auszulöschen.[159] Euseb von Cäsarea, Augustin und Prosper von Aquitanien beziehen Ps 109,6–10 nicht nur auf das Schicksal des Judas, sondern auch auf das des jüdischen Volkes, ebenso deutet Johannes Chrysostomus das Schriftzitat Ps 69,26 (»sein Haus soll wüst werden«).[160] Die Zerstörung der Stadt Jerusalem und des Tempels im Jahre 70 n. Chr. wird als Strafgericht Gottes für die Verwerfung Jesu verstanden. Euseb lässt auch die exegetische Methode erkennen: In Ps 109,6 (»und der Teufel stehe zu seiner Rechten«) ist von dem einen Gegner, in Ps 109,15 (»und ausgelöscht

---

158 BASILIUS VON SELEUKIA, in proditionem Iudae, PG 28, 1049 AB.

159 HILARIUS, Matth., 29,2, SC 258, 220:

160 EUSEB VON CÄSAREA, in Psalm., PG 23, 1336 BC; AUGUSTIN, en. Ps., CC.SL 40, 1593 f.; PROSPER VON AQUITANIEN, in psalm., CC.SL 68 A, 52–54; JOHANNES CHRYSOSTOMUS, hom. in Ac. 3,3, PG 60,37. AUGUSTIN, en. Ps., CC.SL 40, 1595 f. legt den Fluch von Ps 109,20 auf das Wort Mt 27,25 aus (»Sein Blut komme über uns und unsere Kinder«).

von der Erde werde das Gedenken an sie«) von den vielen die Rede. »Und von daher wird deutlich, dass er [David als Verfasser des Psalms] dies nicht allein über Judas, sondern über alle ungläubigen Juden sagt, denn er geht vom Singular in den Plural über«.[161]

Die Charakterisierung der Juden in Judas steht bei Augustin nicht nur im Dienst der Auslegung der Passionsgeschichte. Augustin kann im Einklang mit der kirchlichen Tradition vor und neben ihm, aber mit präziser Formulierung den Unterschied zwischen dem wahren Christen und dem Nichtchristen bzw. dem noch in hohem Maße unvollkommenen Christen als Unterschied der Lebenshaltung beschreiben: Der vollkommene Christ ist dem Ewigen und Himmlischen zugewandt, der unvollkommene Mensch dem Fleischlichen und Irdischen; sein Verlangen nach dem nicht endenden Genuss ist auf diese Dinge gerichtet, anstatt dass er sie nur gebraucht und Gott allein (in der Gottesschau der Seligen) zu genießen trachtet. Die Gegenüberstellung fleischlich–geistlich ist ein Unterschied in der Lebenshaltung genau so wie übrigens auch im Verständnis der Heiligen Schrift; beides lässt sich für Augustin nicht trennen. In die Kategorie des unvollkommenen Menschen gehört nach Augustin nun auch Judas hinein. Die 30 Silberlinge deutet Augustin im geistigen Sinn auf das Produkt von 5 mal 6: »Der Mensch hat fünf Sinneswahrnehmungen, und im sechsten Weltalter haben die Juden Jesus gekreuzigt. So bedeutet Judas die Juden, welche den fleischlichen und zeitlichen Dingen folgten ... und Christus nicht haben wollten.«[162] Um diese Äußerungen Augustins zu verstehen, müssen wir zweierlei bedenken: 1. Solan-

---

161 EUSEB VON CÄSAREA, in Psalm., PG 23, 1337 B.
162 AUGUSTIN, contra Gaudentium 1,22, PL 43, 720.

ge der Mensch sich bloß an dem sinnlich Wahrnehmbaren orientiert, ist er noch nicht zur Vollkommenheit
der Erkenntnis gelangt. 2. das Erscheinen Christi wurde aufgrund der in sich freilich nicht eindeutigen biblischen Zahlenangaben in die Mitte des sechsten
Weltalters, auf das Jahr 5500 nach der Weltschöpfung
datiert.

1.1.7. Judas als sündiger Apostel

Am Beispiel des Judas wird aber nicht nur verdeutlicht, was Sünde ist bzw. sein kann, vielmehr gibt der
sündige Judas gerade in seiner Eigenschaft als Jünger
Jesu Anlass zum Nachdenken über die Realität von
Sündern in der Kirche und über den Umgang mit ihnen. Judas ist lebender Beweis dafür, dass hier auf Erden die Kirche nicht aus sündlosen Menschen besteht,
und ist Mahnung zur Selbstprüfung: Wenn schon ein
Apostel sein Amt verlieren kann (Apg 1,20), besteht
die Gefahr auch für Priester und Bischöfe, und wenn
ein Apostel fallen kann, um wie viel leichter ein
Mönch![163] Vorbildlich für die Christen sind der scho-
nende Umgang und die Geduld Jesu mit seinem Jünger: Jesus stellt den Verräter nicht öffentlich bloß, um
ihm Gelegenheit zum Sinneswandel zu geben; er weist
den Kuss des Judas nicht zurück,[164] und noch sein letz-
tes Wort an ihn (»Freund, warum bist du gekommen?«)
ist ein Versuch, ihn zur Umkehr zu bewegen.[165] So wie
Jesus den Verräter in seinen Reihen erduldete, so soll
auch die Kirche die Sünder tragen.[166] Die Auslegung
der Ankündigungsszene ist aber auch von dem aktuel-

---

163 Ps.-HIERONYMUS, brev. in psalm., CC.SL 78, 212.
164 Nach HILARIUS VON POITIERS soll uns das die Feindesliebe
     lehren (HILARIUS, in Mt 32,1, SC 258, 240).
165 EUTHYMIUS ZIGABENUS, in Mt., PG 129, 689 B.
166 AUGUSTIN, Io. ev. tr. 50,10, CC.SL 36, 437.

len Interesse der Mahnung geprägt: Die Frage der anderen Jünger »Herr, bin ich's?« (Mt 26,22) ist davon geprägt, dass die Jünger, obwohl sie sich einer solchen Sünde nicht bewusst waren, eher dem Herrn vertrauten als ihrem eigenen Gewissen.[167]

1.2. Die Buße des Judas

1.2.1. Judas als Prototyp des unvollkommenen Büßers

Der Suizid des Judas wird nicht immer mit dem Thema seiner Reue in Verbindung gebracht,[168] ferner begegnet nirgends eine der in griechisch-römischer Antike und im Judentum auch möglichen Rechtfertigungen des Suizid, wenn ein Leben nach der Tugend bzw. nach der Thora nicht mehr möglich sei. Vermutlich hat die negative Bewertung der vorangegangene Judastat eine positive Rezeption solcher Überlegungen verhindert. Da, wo die altkirchlichen Theologen das Nebeneinander der Reue des Judas (Mt 27,3) und seiner Selbsttötung (Mt 27,5) wahrnehmen, wird der Suizid im Allgemeinen als Hinweis auf deren Unvollkommenheit

---

167 HIERONYMUS, in Mt., PL 26,201 C, sowie später THEOLPHYLAKT VON OCHRID, in Mt., PG 123, 441 C, der das Motiv der Kenntnis des Herzens durch Jesus ergänzt.

168 Das ist da nicht der Fall, wo der Suizid als Erfüllung des Psalmwortes Ps 109,7 (»und sein Reden werde zur Sünde«) interpretiert (HIERONYMUS, in psalm., CC.SL 72, 232; ders., Mt., PL 26, 212 C; Ps.-Hieronymus, brev. in psalm., CC.SL 78, 212), oder wo in typologischer Betrachtung Ahitophel als alttestamentlicher Typos des Judas verstanden wird (vgl. z. B. BEDA VENERABILIS, hom. Ac. 1,18, CC.SL 121, 12). Dass Judas das Geld in den Tempel wirft, vergrößert nach HRABANUS MAURUS, in Mt., PL 107, 1126 D, seine Schuld: »Der Gottlosen Opfer, das aus einer Schandtat erwächst, ist ein Gräuel dem Herrn« (Spr 21,27 nach der lateinischen Übersetzung).

bzw. Scheitern verstanden. Als Gründe dafür werden genannt das Übermaß an Trauer über die eigene Sünde und das Misstrauen gegenüber der Gnade des Herrn.[169] Ambrosius bemerkt, Judas hätte das Heil erlangt, wenn er bei Christus, nicht bei den Juden Buße getan hätte.[170] Besondere Wirkung erzielte Augustins Interpretation von Mt 27,3–5:

Mit Recht verabscheuen wir doch die Tat des Judas, und die Wahrheit urteilt, dass er, als er den Strick nahm, den Frevel seines Verrats nicht gesühnt, sondern nur noch vergrößert hat, denn die unselige Reue der Verzweiflung an Gottes Erbarmen ließ ihm keinen Raum für heilsame Reue [...] Denn als Judas sich tötete, tötete er wohl einen Frevler, doch sein Selbstmord bewirkte bloß, dass er nicht nur am Tode Christi, sondern auch an seinem eigenen schuldig ward, denn sein erster Frevel ward Anlass zu seinem zweiten.[171]

Die Unvollkommenheit der Reue bestand, so Augustin, nicht darin, dass Judas die Sündhaftigkeit seiner Tat nicht eingesehen hätte,[172] sondern darin, dass er der Barmherzigkeit Gottes nicht traut.[173] Man kann in der zitierten Passage bei Augustin einen indirekten Einfluss von 2Kor 7,10 vermuten, wo unterschieden wird zwischen der heilsamen Betrübnis und der Betrübnis »der

---

169 ORIGENES, Cels. 2,11, GCS 2, 139.

170 AMBROSIUS, paenit. 2,4,27, CSEL 73, 175.

171 AUGUSTIN, civ. 1,17, CSEL 40/I, 31 f.

172 Nicht AUGUSTIN, wohl aber HIERONYMUS bemerkt, Buße sei in diesem Falle unmöglich, weil die Tat des Judas nicht rückgängig zu machen sei (HIERONYMUS, in Mt., PL 26, 212 C). Diese Auslegung wird von späteren Autoren übernommen (BEDA VENERABILIS, in Mt., PL 92, 120 B).

173 AUGUSTIN, exp. Gal. 22,4, CSEL 84, 82, berichtet, dass einige (die er durchaus von Juden, Heiden und Häretikern unterscheidet) das Zitat von Dtn 21,23 in Gal 3,13 (»verflucht ist, wer am Holz hängt«) auf Judas statt auf Christus beziehen. Diese Auslegung, von Augustin nicht gebilligt, mag gleichwohl zu dem weitgehend negativen Judasbild in der Alten Kirche beigetragen haben.

Welt«, die zum Tode führt. In der Kommentierung der Stelle wird jedoch keineswegs immer auf das Beispiel des Judas verwiesen,[174] eher umgekehrt von der Matthäusexegese aus auf 2Kor 2,7 (»damit er nicht von übermäßiger Traurigkeit verzehrt werde«).[175]

Auf einem wohl im 5. Jahrhundert entstandenen, nunmehr in London aufbewahrten Elfenbeintäfelchen, der ältesten Kreuzigungsdarstellung, werden Judas und Jesus nebeneinander dargestellt (Abb. 9): Judas hängt am Baum »als abschreckendes Beispiel für eine Reue, der keine Vergebung zuteil wird«;[176] Christus triumphiert am Kreuz. Sind die anderen Figuren der Darstellung (Maria, Johannes, der Soldat mit der Lanze) Jesus zugewandt, so ist Judas in seiner Todesstunde allein.[177]

Leo d. Gr. sah den Suizid des Judas nicht als Ausdruck der Reue (auf Mt 27,3 kommt er nicht explizit zu sprechen), sondern der bloßen Verzweiflung, die nicht wartet, bis das Blut Christi für alle Sünder vergossen wurde, die sich auch nicht durch die beim letzten Abendmahl genossenen Sakramente umstimmen lässt, weil sie der Güte Gottes nicht traut. Judas wird in seinem Suizid selbst zum Richter seiner Bosheit und zum Vollstrecker seiner Strafe, weil sein Verbrechen »das Maß jeder Sühne überschreitet«.[178]

---

174 Ein Verweis auf Judas fehlt bei THEODORET VON KYROS und bei JOHANNES DAMASCENUS in der Kommentierung dieser Stelle; bei JOHANNES CHRYSOSTOMUS, in 2Cor hom. 15, PG 61, 503, wird auf Kain und Esau, aber nicht auf Judas verwiesen.

175 So HIERONYMUS, in Mt., PL 26, 212 C.

176 H. JURSCH, Bild, 569.

177 H. JURSCH, Judas, 102. Altkirchliche Judasdarstellungen sind spärlich, denn in altkirchlicher Kunst gab es noch keine Passionszyklen, »sondern lediglich Aneinanderreihung einiger Motive aus der Passion« (H. JURSCH, Bild, 566). Überhaupt wurde das Kreuz in altkirchlicher Kunst vor allem als Symbol des Sieges über den Tod aufgefasst (G. SCHILLER, Ikonographie, 13)

178 LEO D. GR., tract. 54,3, CC.SL 138 A, 319.

Abb. 9: Oberitalienisches Elfenbeinrelief (420–430),
Kreuzigung und Judastod
(G. Schiller, Ikonographie II 438, Abb. 323)

Maximus von Turin bemerkt mit psychologischem
Feingefühl, das Schlimmste sei, dass Judas sich selbst
verurteilt habe: »Wenn einer sich selbst verurteilt, von
wem wird er Nachsicht erbitten?«[179]

1.2.2. Die Reue des Judas als Mahnung

In den Pilatusakten findet sich eine legendarische Erweiterung von Mt 27,3–5, in der die vordergründige
Komik des Schlussteiles nicht die Funktion dieses Er-
weiswunders vergessen lassen sollte:[180]

Nachdem Judas die 30 Silberlinge in den Tempel geworfen hatte,
ging er »in sein Haus, um sich einen Strick aus Binsen zu machen
und sich damit zu erhängen. Dort fand er am Herd seine Frau
vor, die gerade einen Hahn briet. Noch ehe er davon kostete, sag-

179 MAXIMUS VON TURIN, s. 58,2, CC.SL 33, 233.
180 Text nach VOGLER, Judas, 129.

te er zu ihr: ›Frau, richte mir Binsen her, ich will mich erhängen, ich bin es nicht anders wert!‹ Da sagte seine Frau zu ihm: ›Was redest du da für Worte?‹ Judas antwortete ihr: ›Erkenne die Wahrheit, ich habe meinen Lehrer Jesus ungerechtfertigterweise an die Übeltäter für Pilatus ausgeliefert; der wird ihn töten lassen, er selbst aber wird am dritten Tag auferstehen, und dann wehe uns!‹ Da sprach seine Frau zu ihm: ›Rede doch nicht solche Sachen! So wenig wie dieser Hahn, der auf dem Feuer gebraten wird, kräht, so wenig wird Jesus auferstehen, wie du sagst!‹ Auf dieses Wort hin schlug im selben Augenblick der Hahn seine Flügel und krähte zum dritten Mal. Daraufhin wurde Judas noch mehr erschüttert. Er machte sich sofort einen Strick aus Binsen und erhängte sich und starb.«

Den Sinn dieses merkwürdigen Textes versteht man erst, wenn man sich verdeutlicht, dass sein Verfasser die »historische« Ebene dessen, was Judas und seiner Frau über die Zukunft Jesu zu wissen möglich war, *gerade nicht* unterscheidet von der Ebene des christlichen Lesers, der sein eigenes Wissen um Jesu Vorankündigung seiner Auferstehung (vgl. Mk 8,31 u. ö.) an Judas und seine Frau heranträgt.

Judas ist überzeugt davon, dass Jesus nach seiner Auferstehung sofort ein Strafgericht an ihm vollziehen wird. Die Möglichkeit, dass Jesus ihm vergeben könnte, wie er Petrus vergeben hat (vgl. Joh 21,15–17), kommt ihm nicht in den Sinn. Diese uns heute eher ansprechende Erwägung lag altkirchlicher Theologie eher fern, die – gemäß Grundsätzen nichtchristlicher und nichtjüdischer antiker Biographie – das Handeln und das Geschick des Judas als Mittel zur mahnenden Belehrung ansah. Doch kommt es dem Verfasser nicht darauf an, den Suizid des Judas als weiteres Beispiel seines verfehlten Lebens vorzuführen (so sehr er diese Wertung geteilt haben mag), denn für einen christlichen Leser ist nicht Judas der Unverständige, sondern seine Frau, deren Zweifel an der bevorstehenden Auferstehung Jesu durch das plötzliche Krähen des ge-

bratenen Tieres denn auch prompt Lügen gestraft werden. Judas hingegen deutet dies als Vorverweis auf die
Auferstehung Jesu – für den christlichen Leser zu
Recht. Richtig ist an dem Verhalten des Judas deshalb
auch, dass er seine Tat als gerichtswürdig erkennt (»ich
bin es nicht anders wert«). Dass der Sünder in seinem
Urteil über sich selbst mit dem Urteil Gottes überein-
stimmen, Gott Recht geben soll, ist ein altes Motiv biblischer Tradition, das gelegentlich auch in die Selbst-
bekenntnisse eines Gottesverächters eingeht (vgl.
2Makk 9,11–17). Mit den meisten dieser Texte teilt auch
unsere Erzählung, dass die Einsicht des Sünders ihn
nicht von den Gerichtsfolgen befreit. Ungeachtet dessen wird Judas hier als Prototyp des reuigen Sünders
gezeichnet und hinsichtlich dieser Selbsterkenntnis
ein Stück weit zum Vorbild.

Dass die Buße des Judas nicht nur in solchen Pro-
dukten der Volksphantasie als eingeschränkt vorbildlich gelten konnte, zeigen Äußerungen bei Origenes
und bei Gregor von Nazianz. Nach Origenes hätte die
Buße des Judas als göttliche Traurigkeit (vgl. 2Kor 7,10)
zum Heil führen können – sie war ihm möglich, weil
sich der Satan eine Zeitlang von ihm zurückgezogen
hatte –, doch achtete Judas nicht genügend auf sich
selbst, deshalb gab ihm der Teufel eine unheilvolle
Traurigkeit ins Herz, so dass er sich erhängte.[181] Gregor von Nazianz schmäht den als Christen erzogenen,
dann aber vom Christentum abgefallenen und zum
Christentumsgegner gewordenen Kaiser Julian den
Abtrünnigen (361–363) mit folgenden Worten: »Als
Verfolger trittst du in die Fußtapfen des Herodes, als
Verräter in die des Judas, nur dass du nicht gleich diesem durch den Strick deine Reue bekundest. Als Chri-

---

181   ORIGENES, in Matth., comm. ser. 117, GCS 38, 247 f.

stusmörder folgst du Pilatus nach, als Gotteshasser den Juden«.[182] Die Problematik dieser Sicht »der Juden« ist deutlich.

1.3. Judas' Tat und Gottes Vorherwissen

Wie konnte Jesus diesen Judas zum Jünger wählen, wenn er und Gott doch im Voraus um seine Tat wussten? Wenn Gott um die Tat des Judas im Voraus wusste, warum hat er sie nicht verhindert? Diese Fragen werden schon von antiken Christentumskritikern wie Kelsos gestellt, um daran die Ohnmacht des Christengottes zu erweisen und den christlichen Wahrheitsanspruch zu bestreiten. Aus diesem ursprünglich apologetischen Motiv wird für den Glaubenden die Frage nach der Freiheit des Menschen in seinem Handeln, verstanden als die Wahlmöglichkeit der Entscheidung.

Bei Origenes und Hieronymus fungiert Judas als Testfall für die These der Willensfreiheit und für die Theodizee:[183] Gegen die mit der Wendung »Sohn des Verderbens« (Joh 17,12) begründete These, für Judas sei es aufgrund seiner Natur aus unmöglich, das Heil zu erlangen, setzen Origenes und später Theophylakt von Ochrid (1050–1108) die These, Judas sei nicht von Anfang an böse gewesen, Hieronymus die Tatsache seiner Buße.[184] Dass der Satan in ihn fuhr, war nach Basilius von Seleukia kein Verhängnis: Die freie Wahl des Judas bestand darin, dass er den Teufel rief, ihn ein-

---

182 GREGOR VON NAZIANZ, or. 4,68, SC 309, 178.

183 Theodizee: die Rechtfertigung der Annahme, dass es einen Gott gibt, und die Rechtfertigung seines Wirkens angesichts der Übel in der Welt wie Katastrophen, Krankheiten etc.

184 ORIGENES, Jo. 32,161, GCS 10, 448; THEOPHYLAKT, in Lc., PG 123, 1320 B; HIERONYMUS, in Mt., PL 26, 212 B.

lud.[185] Auch Johannes Chrysostomus ist davon überzeugt, dass das Handeln des Judas seinem freien Willen entspricht[186] und keinen Rückschluss auf die Kraft
Jesu zulässt, uns zum Guten zu wenden. Chrysostomus beobachtet, dass in Mt 26,14 das erste Wort (»da/
damals«) die Erzählungen von dem Verrat und von der
Salbung Jesu durch die Sünderin[187] miteinander verknüpft: Während sich die Sünderin Jesus zuwendet,
geht Judas von ihm weg. Man soll also nicht die
Schwäche des Herrn anklagen, wenn man sieht, dass
der Jünger seinen Meister verrät. Denn so groß war
die Kraft des Meisters, dass er sogar Prostituierte zum
Gehorsam ihm gegenüber führt.[188] Doch warum hat
Christus nicht auf wunderbare Weise Judas umge-
stimmt? Weil Gott will, dass wir freiwillig das Gute
tun.[189]

Hingegen vermerkt Augustin in seiner Auslegung
zu Joh 17,12 eher beiläufig, dass Judas zum Verderben
vorherbestimmt war.[190]

---

185 Basilius von Seleukia, in proditionem Iudae, PG 28,
     1049 C.
186 Zusätzlich betont JOHANNES CHRYSOSTOMUS, dass Judas
     nicht von den Hohenpriestern gerufen wurde.
187 Die Zeichnung der in Mt 26,7 genannten Frau als Sünde-
     rin ergibt sich aus dem Paralleleinfluss von Lk 7,36–50.
188 JOHANNES CHRYSOSTOMUS, prod. Iud. 1,2; 2,2, PG 49, 375.
     385.
189 JOHANNES CHRYSOSTOMUS, prod. Iud. 2,3, PG 49, 387.
190 AUGUSTIN, Io. ev. tr. 107,7, CC.SL 36, 615. – MARTIN LU-
     THER, de servo arbitrio, WA 18, 715, stellt die gängige Un-
     terscheidung zwischen Vorherwissen Gottes und der Vor-
     herbestimmung der Tat des Menschen in Frage: Wenn
     Gott wusste, dass Judas zum Verräter wurde, dann wurde
     Judas mit Notwendigkeit zum Verräter; zwar entsprach
     seine Tat seinem Wollen und war ihm nicht aufgezwun-
     gen, doch ist das Wollen des Judas Gottes Werk. Der Kon-
     text zeigt, worum es Luther geht, nämlich um die Heils-

Von der gedanklichen Höhe eines Augustin wird das auf das Niveau der Volksfrömmigkeit transformiert, wenn – nach damaliger Hermeneutik biblisch abgedeckt durch Joh 6,70 (»und einer von euch ist ein Teufel«) – nun auch legendarische Überlieferungen entstehen, die das Leben des Judas von Anfang an als durch den Satan bestimmt ansehen und, im Unterschied zu manchen altkirchlichen Theologen, nicht mehr mit einer allmählichen Entwicklung hin zum Schlechteren rechnen.

Im arabischen Kindheitsevangelium[191] wird erzählt: »So oft der Satan ihn anfiel, biß er alle, die sich ihm näherten. Und wenn er niemanden in seiner Reichweite fand, biß er sich in seine eigenen Hände und andere Glieder.« Bereits früh kommt es zu einem unerfreulichen Kontakt zwischen Judas und Jesus. Die Mutter des Judas hört von Maria und Jesus und bringt Judas zu Jesus, als dieser gerade mit anderen Kindern spielt. »Judas, der besessene, näherte sich und begab sich auf die rechte Seite Jesu. Dann wurde er [...] vom Satan attackiert und wollte den Herrn Jesus beißen, vermochte es aber nicht. Trotzdem fügte er der rechten Seite Jesu Schmerz zu, und Jesus fing an zu weinen. Plötzlich fuhr der Satan aus jenem Knaben aus, in Gestalt eines tollen Hundes. [...] Die Stelle, die Judas verletzte, war dieselbe, die später die Juden (!) mit einer Lanze durchbohrten.«

Typisch ist: 1. Judas wird noch schlechter porträtiert als in den Evangelien. 2. Der Satan, Judas und die Ju-

---

gewissheit: »Gott lügt nicht noch täuscht er sich« (Hebr 6,18). Letztlich will der Gedanke der Allmacht Gottes auch zum Bösen nicht dessen Woher, sondern dessen Wohin erklären; Gottes Gericht besteht darin, dass er den Menschen dahin bestimmt, dass dieser nicht mehr anders kann als schlecht zu handeln.

191 Darstellung nach H.-J. KLAUCK, Judas, 132.

den bilden eine einheitliche Phalanx der Ablehnung Jesu. Dieses Motiv wird auf Kosten historischer Richtigkeit eingebracht, denn nicht die Juden, sondern römische Soldaten haben Jesus mit der Lanze durchbohrt.

2. Vom Mittelalter bis zur Aufklärung

2.1. Die Vita des Judas im Mittelalter

Im Mittelalter[192] wird im Wesentlichen das altkirchliche Judasbild weitergeführt. Das Bild der historischen Gestalt wird in Aufnahme bereits altkirchlicher Tendenzen durch legendarische Erweiterungen entfaltet, ohne dass damit eine Differenzierung im Judasbild erreicht oder auch erstrebt wird.

Die im 10. Jh. entstandene Legende von der sieben Jahre dauernden Pilgerfahrt des irischen Abtes Brandan mit einer kleinen Mönchsgemeinschaft auf dem Meer schildert zu Beginn des siebten Jahres an einem Sonntag die Begegnung der Reisenden mit einem Mann, der auf einem Felsen im Meer sitzt und regelmäßig von den Meereswellen überspült wird. Brandan fragt ihn, wer er sei und weshalb er in dieser Weise gestraft werde. Der Mann antwortet:

Ich bin Judas der Verräter. Aus Gnade bin ich hier – um der Barmherzigkeit Christi willen. Dieser Ort ist für mich wie ein Paradies, so furchtbar sind die Qualen, die mich heute Abend wieder erwarten. Dann werde ich Tag und Nacht brennen wie Blei, das man im Topf zum Schmelzen bringt. Ruhe finde ich hier an jedem Sonntag, auch in den Tagen von Weihnachten bis Dreikönige, von Ostern bis Pfingsten, sowie an den Festen der Rei-

---

192   Eine materialreiche Darstellung der mittelalterlichen Judasrezeption findet sich bei B. Dieckmann, Judas, 23–142.

nigung und Himmelfahrt Mariens. Sonst werde ich zusammen mit Herodes, Pilatus, Annas und Kaiphas in der Hölle gequält. Ich beschwöre dich, für mich bei Gott eine Verlängerung der Pause bis Montag zu erbitten.[193]

In der mittelalterlichen Judaslegende, wie sie sich u. a. bei dem Dominikaner Jacopo de Voragine (um 1230–1298) findet, fällt auf, wie sehr hier Züge aus der biblischen Mosetradition und aus den antiken Ödipus-sagen einfließen. Im Folgenden wird »der Regeltyp der Judaslegende, für die sich vom 11. Jh. an weiteste Ver-breitung nachweisen lässt«,[194] in einer etwas verkürz-ten Fassung geboten:

Seine Mutter Cyborea träumte eines Nachts davon, einen Sohn zu bekommen, der dazu bestimmt war, das ganze jüdische Volk zu zerstören. Als sie dann tatsächlich einen Jungen zur Welt bringt, wird dieser in einer kleinen Kiste auf dem Meer aus-gesetzt. Die Kiste landet an der Insel Skarioth. Dort wird das Kind von der Königin, die selbst bisher keine Kinder hatte, ent-deckt und am Hof großgezogen. Nach einiger Zeit bekommt sie selbst einen Sohn. In der Folge kommt es zwischen ihm und Ju-das immer wieder zum Streit. Nachdem die Königin dem Judas im Zorn seine Herkunft offenbart hatte, ergreift Judas die erst-beste Gelegenheit, den eigentlichen Sohn der Königin umzubrin-gen und flieht nach Jerusalem. Dort findet er einen Platz im Ge-folge des Pilatus. Als er einmal für Pilatus eine bestimmte Frucht aus dem Garten des Nachbarhauses holen will, kommt es zwi-schen ihm und dem Gartenbesitzer zum Streit, und Judas er-schlägt seinen Kontrahenten und heiratet dessen Witwe, ohne zu wissen, dass es sich um seinen Vater Reuben und seine Mutter

---

193 Wiedergabe nach B. Dieckmann, Judas, 42.
194 H.-J. Klauck, Judas, 135. Auch die Darstellung erfolgt nach H.-J. Klauck, Judas, 135 f. Vgl. dazu C. Böttrich, Ju-das Iskarioth, 47–54; M. Krieg/G. Zangger-Derron, 57–61 (Übersetzung); Paul Lehmann, Judas Ischarioth in der lateinischen Legendenüberlieferung des Mittelalters, passim. Auffällig ist die Skepsis, die Jacopo de Voragine durchblicken lässt; auffällig ist ferner der Umstand, dass diese Fassung vom Teufel nicht zu Lebzeiten Judas' spricht (Krieg/Zangger-Derron, 60 f.).

Cyborea handelt. Als Cyborea ihm später einmal ihre Lebensgeschichte erzählt, erkennt Judas, was er getan hat. Voll Reue beschließen beide, dass sich Judas an Jesus wenden solle. Er wird zum bevorzugten Jünger im Kreis Jesu, aber bald setzt sich die Bosheit seines inneren Wesens wieder durch; er verrät Jesus aus Wut über die Vergeudung der Salbe (vgl. Joh 12), deren Verkauf ihm, dem Dieb (vgl. Joh 12,6!) einen hohen Gewinn eingebracht hätte; ihn erfasst wiederum Reue, und er erhängt sich.

Paul Lehrmann beobachtet, dass die Legenden über Judas mit denen über Pilatus in einzelnen Zügen fest verknüpft wird, und zwar »so weit, dass schließlich nicht nur Pilatus auf deutscher Erde, im Gebiete vom Mainz, geboren ward, sondern sogar Judas, zu einem Deutschen aus Forchheim (Oberfranken) gemacht wurde«.[195] Die Judaslegende sei in Frankreich im 12. Jahrhundert gewachsen, dann bald nach Deutschland gewandert. Dabei hätten sich auch Veränderungen im Judasbild ergeben: »Judas Ischarioth ist nun nicht mehr der düstere Schatten, wie ihn uns das Evangelium zeigt, sondern eine Schicksalsfigur, die lange vor dem Zusammentreffen mit Jesus Christus ins Böse verstrickt, einen unheilvollen und wirrnisreichen Weg zu gehen schon vor der Geburt bestimmt ist. Dass man damals Judas und Pilatus viel stärker als zuvor Beachtung schenkte, ist nicht zum wenigsten dem überall in der okzidentalen Literatur des 11.–13. Jahrhunderts zu beobachtenden Bestreben zuzuschreiben, die menschliche Persönlichkeit und ihr Geschick fester zu ergreifen, plastischer zu schildern oder doch bestimmte Typen auszubilden, die verständlich waren.«[196]

---

195 PAUL LEHMANN, Judas Ischarioth, 248. Das Komma in der letzten Zeile ist original Lehmann.

196 PAUL LEHMANN, Judas Ischarioth, 248. Diese Judaslegende diente als Vorlage für zwei ausführliche Judaszyklen. Der eine befindet sich im Klosterneuburger Evangelienwerk,

Die schon genannte Legende von Brandans Meerfahrt und die *legenda aurea* werden in einem mittellateinischen Gedicht in Hexametern aus dem 13. Jahrhundert verwoben zu einem Epos, das die Jugend des Judas nach der *legenda aurea*,[197] seinen Verrat und seinen Suizid nach der Bibel und seine Höllenstrafen nach der Meerfahrt Brandans erzählt.

2.2. Judas als Prototyp des Sünders

Judas wird weiterhin als negatives Beispiel wahrgenommen und paränetisch rezipiert; insofern ist sein Handeln nicht exzeptionell, sondern allgemein menschlich. Es kann in mittelalterlichen Texten als Prototyp verschiedener Sünden stehen.

Natürlich steht aufgrund von Joh 12,6 die Habgier allem voran. Beda Venerabilis (gest. 735) und Hrabanus Maurus (ca. 783–856) aktualisieren die Judastat hin auf die Zustände bei den politischen Eliten der eigenen Zeit: Wenn Menschen um der Erlangung von Ämtern willen gegen das Verbot des falsch Zeugnis Gebens verstoßen,

----

der andere in dem wohl um 1355/60 entstandenen Krumauer Bildercodex; vgl. dazu I. WESTERHOFF-SEBALD, Judas, 3–5. Zur Einwirkung dieser Legende auf italienische Judasdarstellungen vgl. B. MONSTADT, Judas, 82; 108–111 (Parallelisierung von Judas und Pilatus bei Duccio di Buoninsegna); 136 f. (Darstellung des Judastodes bei Pietro Lorenzetti), 147–149 (Darstellung der Salbungsgeschichte bei Taddeo Gaddi) u. a.

197 Bemerkenswert ist, dass in der legenda aurea das Motiv der Habgier nicht zu dominieren scheint. Als positives Beispiel eines ehemals habgierigen Menschen, der aber Buße getan hat, wird in der legenda aurea der Evangelist Matthäus genannt. Das wird gelegentlich auch in christlicher Kunst in Szene gesetzt, indem Matthäus als Gegenfigur zu Judas stilisiert ist (Hinweis bei B. MONSTADT, Judas, 92 f.).

verkaufen sie, weil sie die Wahrheit um des Geldes willen verleugnen, tatsächlich Gott für Geld, denn er sagt »Ich bin die Wahrheit«.[198] Beide Autoren weisen auf den Selbstwiderspruch der von ihnen Kritisierten hin: Diese verabscheuen die Tat des Judas, und hüten sich doch nicht vor einer ähnlichen Sünde. Die Verleugnung des Petrus wird von beiden Autoren nicht in ähnlicher Weise auf Verhältnisse in der eigenen Zeit bezogen! Über die Beschränkung auf die Habgier geht es hinaus, wenn Judas im Donaueschinger Passionsspiel seine Schuld bekennt, indem er die sieben Todsünden aufzählt.[199]

Der Tendenz, die christlichen Betrachter der Judasgestalt vor einem Leben in Sünde zu warnen, ordnet sich auch die Art und Weise ein, wie vom Teufel geredet wird: Judas hatte sich, so die allgemeine Anschauung, freiwillig dem Wirken des Teufels geöffnet, und so symbolisiert der Teufel nicht den Zwang, unter dem Judas von Anfang an gestanden hätte. Dass der Teufel in einen Mann aus dem engsten Jüngerkreis Jesu eingeht, dient zur Warnung: Der Christ soll sich nicht auf sich selbst verlassen, sondern stets auf sein eigenes Leben acht geben, weil er einen gewichtigen Gegner hat.[200] Wenn Gott einen Menschen erwählt, zwingt er ihn keineswegs zum Guten; unangetastet bleibt die Wahlfreiheit des Menschen hinsichtlich der Ziele, die er zu wählen oder zu meiden hat. Wir haben es in der Hand, ob wir gerettet werden und unserer Berufung würdig wandeln (vgl. 1Thess 2,12) wollen oder nicht.[201] Von derselben Voraus-

---

198 Beda Venerabilis, in Mt., PL 92, 111 D; Hrabanus Maurus, in Mt., PL 107, 1103 A.

199 B. Dieckmann, Judas, 61. Dass Judas dabei den Geiz an erster Stelle nennt, ist wiederum in Joh 12,6 begründet.

200 Theophylakt, in Lc., PG 123, 1061 D.

201 Theophylakt, in Joh., PG 123, 1320 A, unter Aufnahme philosophischer Terminologie hinsichtlich der »Wahlfreiheit«.

setzung her sucht Euthymius Zigabenus von Thessaloniki die aus Mt 26,24 resultierende Frage zu entschärfen, warum Gott zugelassen habe, dass Judas geboren wird, wenn es schon besser gewesen wäre, Judas wäre nicht geboren. Eutyhmius antwortet: Gott zwingt niemanden, gut zu werden, wenn er nicht von sich aus gut ist, sondern stellt die Heilsgüter vor Augen und arbeitet mit demjenigen zusammen, der diese wählt, Gott lässt aber auch dem Menschen, der sich zum Schlechten hin entwickelt, den freien Willen.[202]

Allerdings weiß man durchaus, dass sich der Sünder aus der selbstgewählten Verstrickung nicht mehr befreien kann. Euthymius Zigabenus sieht in dem Nacheinander von Verrat und Reue des Judas (Mt 27,3) eine typische Weise des teuflischen Wirkens: Vor der Tat erkennt Judas nicht die Bosheit seines Vorhabens, damit er nicht umkehrt; hinterher wird ihm das Böse deutlich, damit er in Trauer und Verzweiflung gerate.[203]

Judas als Sünder, speziell als Habgieriger und Treuloser, ist auch Thema mittelalterlicher Malerei. Aufgrund der bereits genannten Bibelstelle Joh 12,6 ist der Geldbeutel sein stehendes Attribut. Auch ansonsten wird Judas als Sünder gezeichnet und von den anderen Aposteln unterschieden:[204] Er wird meist ohne Nimbus (Heiligenschein) oder mit schwarzem Nimbus dargestellt; die Farbe gelb ist Symbol für die Habgier; das rote Haar erinnert an die Darstellung von Hexen und Teufel und soll wohl auch daran erinnern. Die Farbe Rot kennzeichnet im Volksglauben Treulosigkeit und Falschheit des Charak-

---

202 Euthymius Zigabenus, in Mt., PG 129, 661 CD.
203 Eutymius Zigabenus, in Mt., PG 129, 705 A.
204 H. Jursch, Bild, 570, macht darauf aufmerksam, dass Judas nunmehr auch in der bildlichen Darstellung »degradiert« wird, anders als in altkirchlicher Kunst, wo er »Apostel Jesu« (ebd.) bleibt.

ters. In vielen Abendmahlsdarstellungen wird er auch durch die Bildkomposition von den anderen Jüngern abgesetzt: Er allein steht, sitzt oder kniet vor dem Tisch. Typologische Zuordnungen der Szene des Judaskusses unterstreichen die Falschheit des Judas: Am Klosterneuburger Altar sind es Kain und Joab, der Abner freundschaftlich anspricht, um ihn dann heimtückisch zu ermorden (2Sam 3,27), in der *Biblia pauperum* wiederum Joab und Abner, dann Tryphon und Jonathan (1Makk 12,39–42), in anderen typologischen Handschriften Joab und Amasa (2Sam 20,9 f.).[205] Als Bestandteil eines Passionszyklus illustriert eine solche Judasdarstellung sinnenfällig, dass eine (Mit-)Ursache des Leidens Christi schon rein äußerlich in menschlicher Sünde besteht.

Gelegentlich begegnet eine Darstellung der Judasgestalt auch in Zusammenhängen außerhalb der Passion. Giotto di Bondones Darstellung des Jüngsten Gerichts in der Arenakapelle zu Padua (Abb. 10) zeigt Judas den Sünden des Neides (*invidia*) und der Verzweiflung (*desperatio*) zugeordnet; der Stifter des Bildes, Enrico Scrovegni, will mit diesem Bild wie überhaupt mit der Stiftung der Kapelle die Sünden seines Vaters sühnen, der sein Vermögen durch Wucher erworben hatte.[206]

Die Rezeption der Judasgestalt als Prototyp des Sünders erfolgt auch im Zeitalter der konfessionellen Spaltung[207] Europas durchaus im Wesentlichen auf traditionellen Bahnen.

Der Name »Judas« fand gerade bei Martin Luther häufig polemische Verwendung und bezeichnet Hab-

---

205 Hinweise bei I. Westerhoff-Sebald, Judas, 12.17.

206 B. Monstadt, Judas, 84–95.

207 Die Wertung der Judasgestalt in der Reformationszeit, in der Altprotestantischen Orthodoxie und im Pietismus ist umfassend dargestellt bei K. Lüthi, Judas, 9–48. Allerdings nimmt K. Lüthi die altkirchliche und mittelalterliche Judasdeutung nicht explizit in den Blick. Die Analogien in der Deutung sind stärker als es bei Lüthi sichtbar wird.

Abb. 10: Giotto di Bondone: Erhängter Judas,
desperatio und invidia (B. Monstadt, Judas, Abb. 16–17)

143

gierige wie »Häretiker« gleichermaßen. So belegt er weltliche und geistliche Herren mit diesem Namen, die zu sehr dem Geld ergeben sind. Häufig wird der Papst als Judas gescholten, allerdings diskreditiert Luther mit dem Schimpfwort Judas auch Andersdenkende im eigenen Lager.[208] Weit zurückhaltender hierin ist Jean Calvin: Nur ein einziges Mal verwendet er den Judasnamen polemisch gegen altgläubige Theologen. Beiden Reformatoren gemeinsam ist eine Aktualisierung auf das Sein von Kirche hin: Judas lehrt, dass es immer Verrat geben wird, und dass die Vorstellung einer Kirche, in der sich keinerlei Sünder mehr finden, als Illusion zu bezeichnen ist, und er wird »zum Typus des Bösen in der Kirche, das es nach dem Vorbild der *patientia* (= Geduld) Christi zu erdulden gilt.«[209]

Im Jahre 1591 führt der erste evangelische Domprediger in Magdeburg, Siegfried Sack, die Rezeptionslinie von Hrabanus Maurus weiter. Sack beschreibt, wie der Satan Judas den Verrat schmackhaft zu machen sucht:

»Siehe, was hast du davon, dass du bei Christus bist? Nichts als den Bettelstab, Jammer und Elend. ... Wenn ich wäre wie du, ich wollte den Bettler fahren lasen und mich um seinetwillen in keine Gefahr begeben. Ich wollte mich zu dem großen Haufen halten, zu den Hohenpriestern, Schriftgelehrten, Pharisäern, zu den Hauptleuten, damit ich beides, bei geistlichen und weltlichen Herren in Ansehen käme [...] und wer weiß, du bist ein feiner, weiser Mann, hast schöne Gaben, könntest noch wohl einmal Hoherpriester werden. Darum versäume dein Glück selbst nicht! Schlaf und schlummre nicht!«[210]

---

208 Belege bei K. Lüthi, Judas, 14.
209 U. Luz, Matthäus IV, 253.
210 Siegfried Sack, Erklärung über die trostreiche Historiam des Leidens und Sterbens unseres Herrn und Heilandes Jesu Christi (1591), mitgeteilt bei A. Wiesenhütter, Passion, 98.

Für Abraham a Santa Clara (1644–1709) wird die Judasgestalt der *legenda aurea* zum Ausgangspunkt für die Erörterung zahlreicher Laster (bis hin zum Problem der Spielsucht im Wien des 17. Jahrhunderts). Am Beispiel des Lebens Judas' und seines Endes sucht der Augustinermönch und volkstümliche Prediger in Wien die Zuhörer zur Besserung zu bewegen. Auf protestantischer Seite hat Ernst Wilhelm Hengstenberg (1802–1869) ähnlich umfassend auf Judas Bezug genommen.[211]

Bei Luther blitzt gelegentlich der Gedanke auf, dass die Betrachtung der persönlichen Schuld des Judas nicht das einzige sein darf, was zu seiner Tat zu sagen ist:

»unsere große Sünde und Missetat / Die Christum, den wahren Gott von Art / Ans Kreuz geschlagen hat. / Drum wir dich armen Juda, dazu die Judenschar / Nicht billig dürfen schelten, die Schuld ist unser gar.«[212]

In Bachs Markuspassion (BWV 247) wird die Verhandlung des Judas mit den Hohenpriestern aus dem Blickwinkel Jesu betrachtet und mit dem Choral kommentiert, den Bach in der Matthäuspassion den Aussagen der »zween falschen Zeugen« zuordnet:

> Mir hat die Welt trüglich gericht'
> mit Lügen und falschem Gedicht
> viel Netz und heimlich Stricke:
> Herr, nimm mein wahr in dieser G'fahr,
> b'hüt mich vor falscher Tücke.

Jesus erscheint hier als der »Leidende Gerechte«,[213] indem Judas in der bekannten Weise an ihm schuldig ge-

---

211 K. Lüthi, Judas, 108.
212 M. Luther, TR 6897 (Rechtschreibung modernisiert).
213 Dass der älteste biblische Passionsbericht, die (nicht mehr wörtlich zu rekonstruierende) Vorlage zu Mk 14; 15, in Jesus ebenfalls den Leidenden Gerechten sieht (vgl. dazu L. Ruppert, Jesus, 59), sei hier nur angedeutet.

worden ist. Für die Geschichte lutherischer Frömmigkeit im positiven Sinne ungleich folgenreicher wurde Bachs Matthäuspassion (BWV 244),[214] die mit der Verbindung von musikalischer Rhetorik und theologischer Deutung auf den verschiedenen Ebenen des affektiven und kognitiven Hörens immer wieder neu anregend ist.

Die Verhandlungsszene fällt auf durch die innere Erregung des Judas, dann aber durch die Melodieführung zum Stichwort »verraten«: ein Trugschluss sowie die sieben Kreuze des Cis-Dur-Akkordes lassen anklingen, dass Judas, ohne es zu wissen, mit seinem Handeln den Plan Gottes durchzuführen hilft. Die Ankündigung des Verrats durch Jesus weist dank der B-Tonarten und der Seufzermotive auf die seelische Erregung Jesu, für protestantische Frömmigkeit wichtiger ist aber, dass Bach auf die Frage der Jünger (»Herr, bin ich's«) eine Antwort gibt, die an Einsichten altkirchlicher Ausleger erinnert:

> »Ich bin's, ich sollte büßen
> an Händen und an Füßen
> gebunden in der Höll'
> die Geißeln und die Banden
> und was du ausgestanden
> das hat verdienet meine Seel'.«

Am Ende der Gethsemaneszene weist die Ankündigung Jesu auf die Worte »der mich verrät« einen Tritonus (verminderte Quint) nach unten auf, den *Diabolus in Musica*. Jesus weiß, so soll der Kenner barocker musikalischer Rhetorik verstehen, dass in dem Verrat des Judas kein geringerer als Satan am Werke ist.

---

214 Darstellung nach D. Becker (bei W. Fenske, Brauchte Gott den Verräter, 111–115).

Gottlieb Cober vermutet 1757, dass Jesus durch die Fußwaschung das »in Sünden erhärtete Herz« des Judas erweichen wollte, und fährt fort:

»Aber vergebens. Jedoch schweig still von Judas. Gehe in dich. Hast du es wohl viel besser gemacht?«[215]

Der Pietismus sieht Judas als Unbekehrten, als Weltkind,[216] manchmal auch, weil Judas als Apostel zum Verräter wurde, als Prototyp dessen, der ein guter Theologe sein mag und doch zu Fall kommt,[217] dann als Prototyp des nichtpietistischen lutherischen Orthodoxen.

2.3. Judas als Prototyp des Juden

Die gelegentlich bereits altkirchlich vorgenommene Zusammenordnung des Judas mit den Juden wird auch in folgender Zeit thematisiert. Der wohl frühmittelalterliche Ps.-Hieronymus bemerkt in Auslegung des »Judaspsalmes« (Ps 109) zu V. 9 (»Seine Kinder sollen Waisen werden, und seine Frau eine Witwe«):

---

215 Gottfried Cober, Beweglicher Passionsprediger im Kabinet, 1757, mitgeteilt bei A. WIESENHÜTTER, Passion, 101.

216 K. LÜTHI, Judas, 66. – Der materiell gesehen als gering erachtete Wert der Silberlinge wird allegorisch ausgelegt, dabei wird auf den inneren Selbstwiderspruch verwiesen: »Welch ein Spottgeld ist dies?! So unverschämt ist der Teufel, um 30 Silberlinge soll ihm ein Mensch einen Dienst tun, darüber er Seele und Leib verliert [...] Ich hätte die Welt nicht genommen, so ich's auch tausend Jahre hätte genießen dürfen: so denkst du, liebe Seele; allein du nimmst oft weniger als Judas, eine schnöde Lust, und dienst dem Satan wider Christum. Sei auf dich unwillig!« (JOHANN LORENTZ JAN, Gottgeheiligte Passionsandachten [1721], Text nach A. WIESENHÜTTER, Passion, 100. Der Text wurde leicht modernisiert).

217 K. LÜTHI, Judas, 57.

»Wer, glaubst du, sind die Kinder des Judas? Die Juden. Und Juden werden sie genannt nicht von jenem heiligen Judas (dem Apostel Judas, dem Sohn des Jakobus), sondern von dem Verräter. [...] Nach jenem heiligen Judas werden wir genannt, die geistlichen Juden, aus jenem aber, dem Verräter, die fleischlichen Juden. [...] Die Synagoge war erst die Ehefrau Gottes, von der es heißt ›Und er hat ihr einen Scheidebrief gegeben‹ (Dtn 24,1), und wiederum ›Ich habe sie wieder angenommen und ihr gesagt: Kehre zu mir zurück‹ (vgl. Jer 3,7 Vulgata). So hat die Synagoge den Scheidebrief vom Erlöser erhalten und ist zur Frau des Verräters Judas geworden. Doch was tat sie? Sie nahm die Mitgift nicht, sondern gab sie ihrem Gatten. Wiederum aber wollte jener allerärmste Judas, der den Herrn verraten hat, die schlechte Mitgift nicht annehmen, sondern gab sie seiner hurerischen Gattin, von der er sie bekommen hatte. Und was sagte er? Du hast deinem früheren Gatten missfallen, er hat dich verschmäht und dich verworfen und dir den Scheidebrief gegeben. Ich will dich nicht als Gattin haben. Du hast mir den Lohn gegeben und mich getäuscht. Und du, die du den Herrn deinen Gott getötet hast, wirst auch mich töten.«[218]

Der Autor dieses Textes betreibt allegorische Auslegung in üblicher Manier, weiß jedoch zusätzlich »bibelkundlich« zu belegen, warum Ps 109,9 auf Judas *und* die Juden zu beziehen ist:

Ich kann in der Schrift keinen Beleg dafür finden, dass Judas eine Ehefrau oder Söhne gehabt hat.[219]

Dementsprechend wird in Auslegung von Ps. 109,10 (»Seine Kinder sollen umherirren und betteln und vertrieben werden aus ihren Trümmern«) das Schicksal der Juden dem Schicksal Kains parallelisiert (vgl. Gen 4,16: »So ging Kain weg von dem Angesicht des Herrn«); Ps 109,10 wird auf die Zerstreuung der Juden in der Diaspora bezogen.

---

218 Ps.-Hieronymus, brev. in psalm., CC.SL 78, 213 f. Das Stichwort »hurerisch« ist durch Jer 3,2 veranlasst.
219 Ps.-Hieronymus, brev. in psalm., CC.SL 78, 214.

Der christliche Judenhass, der sich wiederholt in Ausweisungen von Juden sowie in schlimmen Pogromen ihnen gegenüber entlud, wurde nicht nur durch solche uns heute beschämenden theologischen Texte genährt. Die sich altkirchlich anbahnende Annäherung des Judas an die Juden wird im hohen Mittelalter und dann im Spätmittelalter (ab ca. 1400) häufiger in Wort und Bild umgesetzt, vor allem in zwei Bereichen, denen eine Wirkung auch auf das einfache Volk nicht versagt blieb, nämlich in christlicher Kunst und in den Passionsspielen.

Juden werden in mittelalterlichen Passionsdarstellungen oft durch auffällig hässliche Gesichtszüge und Embleme wie den Judenhut charakterisiert und degradiert. Wenn demgegenüber die Charakterisierung des Judas zunächst noch nicht in derselben Weise negativ hervorsticht, liegt die Überzeugung vor, dass sie noch schlimmer sind als er.[220] Judas wird mit Gesichtszügen gezeichnet, die in jener Zeit allgemein zur Charakterisierung von Juden verwendet werden. Auch das gelbe Gewand, ursprünglich Symbol für Neid und Habgier und noch nicht als solches Zeichen einer Zuordnung des Judas zu den Juden, wird im 15. Jahrhundert zur Judenfarbe. Zwar ist Gelb zugleich die Farbe »für die Henker und die Marterknechte der Frommen und Heiligen, die heidnischen Soldaten und für die Peiniger Christi, kurzum für Bösewichte«,[221] doch darf das nicht zu dem entlastenden Urteil einer fehlenden Judenfeindlichkeit führen, denn es wird von der Zeichnung des Judas in solcher Gestaltung dem Betrachter

---

220 I. Westerhoff-Sebald, Judas, 18, zu Darstellungen des Judas und der Juden in der Tradition der so genannten Armenbibeln (bildliche Darstellungen der biblischen Geschichte).

221 A.-M. Reichel, Die Kleider der Passion, 107.

umgekehrt ein Rückschluss von Judas auf »die Juden«[222] nahegelegt.

In manchen Passionsspielen wird gemäß Mt 27,3–10 Judas durch seine, wenn auch verfehlte Reue noch positiv von den Juden unterschieden, die überhaupt keine Reue zeigen: Sie sind noch schlimmer als er.[223] Judas und die Juden werden gemeinsam der Lächerlichkeit preisgegeben. Judas wird zum symbolischen, die Juden werden zum realen Opfer christlichen Hasses. Gerade während der Karwoche, in der zumeist diese Passionsspiele aufgeführt wurden, hatten die Juden am meisten unter den Christen zu leiden. Der christliche Hass gegen die Juden hat den sozialpsychologischen Aspekt, dass der Hass der Christen auf ihre eigenen dunklen Seiten nach außen hin gewendet und auf andere abgelenkt werden kann.[224]

Auch in reformatorischer Tradition ist die Verbindung zwischen Judas und den Juden nicht gelockert, wie beschämende Passagen aus dem Spätwerk Martin Luthers belegen: Bei seinem Suizid platzten Judas, was bei Gehenkten normal ist, die Därme und die Blase auf;

---

222 Diese Annäherung ist in jüdischer Judasdeutung positiv aufgenommen und antichristlich gewendet worden. So wird in den verschiedenen Fassungen der *Toledoth Jeschu*, eines jüdischen »Lebens Jesu«, Judas als derjenige gezeichnet, der mithilft, den Verführer Jesus dingfest zu machen und die Verbreitung der Auferstehungsbotschaft zu verhindern, indem er den in seinem Garten bzw. in einem unterirdischen Abflussrohr begrabenen Leichnam Jesu zeigt (Hinweise bei E. Bammel, Judas, 23–26). Die antichristliche Polemik spiegelt die leidvollen Erfahrungen von Juden unter christlicher Herrschaft wider.

223 Hinweise bei U. Luz, Das Evangelium nach Matthäus IV, 252.

224 U. Luz, Das Evangelium nach Matthäus IV, 259.

die Juden sollen von seinen Exkrementen getrunken haben.[225]

2.4. Judas als Prototyp des Verzweifelten

Judas' Suizid wird fast durchweg als Tat der Verzweiflung interpretiert, an seinem Beispiel wird vor Verzweiflung gewarnt. Zitiert sei aus der Frankfurter Passion von 1493:

> Kein Sünder nicht verzweifeln soll;
> Gott ist so großer Gnaden voll
> Dass er ihm vergibt seine Sünde!
> Hätt' sich Judas nicht in der Stunde
> Vor großem Leide erhangen (= erhängt),
> Gott hätt' ihn gern empfangen.[226]

Was Ambrosius dem Verräter angeraten hätte, wird im französischen Passionsspiel von Arnould Gréban (15. Jh.) aufgegriffen: Judas will Jesus um Vergebung bitten. Allerdings verlangt die Bindung an die biblische Vorgabe Mt 27,5 ein negatives Ende: Die personifizierte Hoffnungslosigkeit, eine Tochter des Teufels, versichert dem Verräter, dass es für ihn keine Vergebung gebe.[227]

Auch im Mittelalter begegnet die Anschauung, dass Judas letztlich durch das Handeln des Teufels zu seiner Verzweiflungstat gekommen sei; die Mitwirkung des Teufels erklärt, wie es dazu kommt, dass Judas trotz seiner Reue nicht zum normalen Weg der Buße gefunden hat, sondern im Suizid endet.[228] Neben dieser all-

---

225 Hinweise bei B. DIECKMANN, Judas, 80.
226 Unter Modernisierung der Rechtschreibung zitiert nach B. DIECKMANN, Judas, 62. Die doppelte Verneinung in der ersten Zeile ist nicht als Bejahung zu interpretieren!
227 Hinweis bei U. LUZ, Matthäus IV, 244.
228 EUTHYMIUS ZIGABENUS, in Mt., PG 129, 705 C.

gemeinen impliziten Erwägung mag die genannte Bezugnahme auf den Teufel gelegentlich auch auf die Einwirkung von Ps 109,6 zurückzuführen sein: »ein Ankläger/Satan (im hebräischen ist das dasselbe Wort) soll zu seiner Rechten stehen«. Die Stelle ist sowohl auf die Verhandlungen des Judas mit den Hohenpriestern[229] als auch auf seinen Suizid bezogen worden.[230]

So ist es nicht nur der Ausdruck einer üppig wuchernden Phantasie, sondern nach altkirchlicher Hermeneutik durchaus nahe liegend, dass der Teufel auch in der bildlichen Umsetzung von Mt 27 erscheint, wo er die Seele des Judas verschlingt bzw. in die Hölle führt (Abb. 11).

Dass Judas' Gedärme aus seinem Leib hervorquellen, ist nicht nur biblisch vorgegeben (Apg 1,18: »... so dass alle seine Eingeweide hervorquollen«), sondern verdankt sich auch der Überlegung, es sei nicht ziemlich, dass »der Mund so schmählich entreinet (verunreinigt) werde, der Christi Lippen berührt habe«.[231]

Diese Darstellungsweise wird dann auch in volkstümlichen Texten wie dem Passionsspiel von Donaueschingen geläufig.[232]

Auch in der Folgezeit ist das Thema der Verzweiflung des Judas konfessionsübergreifend präsent. Zunächst sei ein Beispiel aus römisch-katholischer Kirchenmusik zitiert, das die ungebrochene Geltung dieser Judasinterpretation noch im 18. Jahrhundert vor Augen führt.

Frantisek Xaver Brixi (1732–1771), seit 1759 Kapellmeister an St. Veit in Prag, schrieb zwischen 1760 und 1770 das Oratorium »Judas Iscariothes«. Es hat einen

---

229 AUGUSTIN, en. Ps., CC.SL 40, 1589.
230 CASSIODOR, in psalm., CC.SL 98, 994, Leo d. Gr., tract. 54,3, CC.SL 138 A, 319.
231 Legenda aurea, bei B. MONSTADT, Judas, 137.
232 B. DIECKMANN, Judas, 61.

Abb. 11: Elsässer Glasfenster von ca. 1520, der Tod des Judas
(U. Luz, Matthäus IV 242)

frei formulierten lateinischen Text zur Grundlage (der
Dichter ist unbekannt) und war zur Aufführung am
Karfreitag bestimmt.

In der Tonsprache ist das Werk der Klassik zuzu-
ordnen, formal folgt es der Anlage italienischer Orato-
rien (mehrfache Folge von Rezitativ und Arie, dem

Chor obliegt nur die letzte Nummer), und diese Form wird für die inhaltliche Aussage nutzbar gemacht: Ausgangspunkt der Betrachtung ist Mt 27,3–5, und nacheinander treten Judas (Tenor) sowie drei allegorische Figuren auf (Gerechtigkeit, Tod, Hoffnung). Judas gibt eingangs seiner Verzweiflung über die von ihm vollbrachte Tat beredten Ausdruck; Hoffnung auf Vergebung könne er nicht mehr haben, und so will er sein Leben beenden. Die Gerechtigkeit (Bass) bestätigt ihn – musikalische Rhetorik ist in diesen Nummern besonders deutlich fassbar – als den unglücklichsten Menschen darin: ihm bleibt keine Hoffnung. Aus dem Buch des Lebens ist er getilgt; er hat ein verzweifeltes Los; zu sterben sei für ihn besser als zu leben. Der Tod (Alt) verspricht ihm für einen kurzen Akt von Grausamkeit die Ruhe von seinen Gewissensqualen (die musikalische Rhetorik ist vor allem in der Arie auf Trost gestimmt). Judas nimmt in einem weiteren Klagegesang Abschied vom Leben. Da versucht ihn die Hoffnung (Koloratursopran) mit dem Hinweis auf Christus als das Lamm Gottes (Joh 1,29) und auf Gottes Milde von seinem Vorhaben abzuhalten und fordert ihn auf, als verlorenes Schaf zu seinem Hirten umzukehren. Doch Judas lässt sich nicht umstimmen (»Vergeblich predigst du Gnade«) und wird darum (in der Bewertung wiederum durch die Sopranstimme) zum negativen Anschauungsobjekt für diejenigen, die sich durch den Hinweis auf die Gnade Gottes nicht retten lassen und nicht Buße tun und nicht auf Gott hoffen wollen: »zugrunde gehen soll, wer gerettet werden konnte und nicht wollte, und wer aus freiem Willen in Ewigkeit verdammt sein wollte«. Nunmehr tritt ein anderer Topos der Judasrezeption dazu: Warnungen vor der Habgier schließen sich an. Die Bitte an Jesus, er möge in uns die unaufhörliche Liebe entzünden, damit uns die Ewigkeit nicht quäle, beschließt das Werk.

Doch auch bei protestantischen Theologen wird das Motiv wesentlich in traditionellen Bahnen weitergeführt. Martin Luther folgt vorgegebenen Mustern mit der Annahme, Judas sei in die Verzweiflung getrieben worden, »weil er die Macht seiner Sünde als größer denn die Macht der Vergebung empfand«.[233] Luther war ebenfalls davon überzeugt, dass die Verzweiflung des Judas eine Sünde war, die ihm nicht vergeben würde. Doch wird der Zusammenhang von Reue und Verzweiflung bei Luther nicht nur zum Zweck einer allgemeinen Warnung aufgenommen, sondern auch als Analyse einer unevangelischen Buße, die von Christus absieht, und wird sogar zum Spiegel der eigenen Lebensgeschichte: Judas war ein Mönch.[234] Angesprochen ist damit nicht weniger als Luthers Selbsterfahrung, auf dem traditionellen Weg der klösterlichen Bußübungen nicht zu der Gewissheit der Gnade Gottes gekommen zu sein.

Der reformierte Theologe G. A. Saldenus (1627 bis 1694) hat am umfassendsten die Reue des Judas analysiert: Sie ist nicht erheuchelt, sondern wirklich; Judas erkennt seine Sünde und weiß, dass sie zu verurteilen ist; er sieht die Schrecken der Hölle voraus und gesteht, dass er angesichts des aufgrund seiner Tat auf Jesus wartenden Todesgeschicks die Untat lieber nicht begangen hätte, und der Schmerz des Judas ist insofern vorbildlich, dass er das nur halbherzige Sündenbekenntnis vieler Menschen übertrifft. Trotzdem ist er

233   K. LÜTHI, Judas, 13, in Aufnahme von M. LUTHER, TR 2251a.
234   M. LUTHER, WA 29, 236 f.

der Gnade nicht würdig, es fehlt der Glaube; er flieht nicht zur Barmherzigkeit Gottes.[235]

2.5. *Judas als Prototyp des von Gott Gestraften*

Dante Aligheri (1265–1321) schildert in seiner »göttlichen Komödie« in 100 Gesängen eine Reise durch das Inferno (33 + 1 Gesänge), das Purgatorium, d. h. das Fegefeuer (33 Gesänge) und das Paradies (wiederum 33 Gesänge). Durch das Inferno und das Purgatorium begleitet ihn der römische Dichter Vergil. Im 34. Gesang des »Inferno« (33 + 1 zeigt das Übermaß des Bösen an) ist er am tiefsten Punkt der als Trichter nach unten gedachten Hölle angelangt:[236]

> Der Kaiser des gequälten Schattenreiches
> ragte mit halber Brust über das Eis.
> Mein Größenmaß kommt einem Riesen näher
> Als seinen Armen die Giganten kommen.
> [...]
> Was war mir das ein großes Wunder, als
> ich drei Gesichter sah an seinem Kopf:
> Das eine vorn, und dies war rot wie blut,
> die andern zwei an dieses angelehnt,
> über der Mitte jeder Schulter stehend,
> vereinigten sich auf des Scheitels Höhe.
> Das rechte Angesicht war weißlich-gelblich,
> das linke negerhaft wie eines Menschen
> von dort, wo sich der Nil zu Tale wälzt.
> Zwei mächtige Flügel ragten unter jedem
> Gesicht hervor wie eines Riesenvogels.

---

235 Darstellung nach K. Lüthi, Judas, 42. – Melchior Gottlieb Minor entnimmt 1733 dem Gang des Judas zu den Hohenpriestern eine Warnung: »Wenn das Gewissen aufwacht, so suche dein Herz nicht bei den Feinden Jesu zu erleichtern« (M. G. Minor, Heilige Betrachtungen über die Leidensgeschichte Jesu, mitgeteilt bei A. Wiesenhütter, Passion, 143).

236 Wiedergabe nach M. Krieg, Judas, 62 f.

Auf keinem Meer noch sah ich solche Segel.
Sie waren nicht befiedert, sondern so
wie einer Fledermaus. Er flatterte
damit. Drei Winde gingen davon aus,
so kalt, dass der Kozyt zu Eis erstarrte.
Er weinte aus sechs Augen, Tränen trieften
mit blutigem Speichel von drei Kinnen ihm.
In jedem Maul zermalmten seine Zähne,
wie man den Flachs bricht, einen Sünder, so
dass drei zugleich er auf der Folter hatte.
Dem vordern war der Biß das wenigst Schlimme
gegen die Krallen, die von seinem Rücken
manchmal die ganze Haut herunterfetzten.
»Die schwerste Pein dort oben leidet dieser.
Judas Ischariot ist es«, sprach mein Meister.
»Sein Kopf steckt drin, die Beine zappeln außen.
Sieh die zwei andern mit dem Kopf nach unten!
Der an der schwarzen Fratze Baumelnde
ist Brutus, schmerzverkrümmt, und spricht kein Wort.
Der andre, stark gebaut, ist Cassius. –
Die Nacht steigt auf, s'ist Zeit, wir müssen fort,
Denn alles haben wir nunmehr gesehn.

Dante formuliert hier die generelle Überzeugung des Mittelalters und auch nachfolgender Zeiten: Judas ist auf ewig verdammt. Dies zu betonen ist weniger Ausdruck der Selbstdistanzierung gegenüber Judas, gar noch in Schadenfreude, wurzelt vielmehr in dem Bemühen, die Christen eindringlich vor einem sündhaften Leben zu warnen. So drastisch wie Wunder- und sonstige Heilserfahrungen weitererzählt wurden, so drastisch auch die göttlichen Strafgerichte. Dieser Verwendungszweck ist auch für die so genannten Judasflüche zu beachten. Im Mittelalter werden sie nicht mehr nur wie früher als Drohung gegenüber Grabschändern ausgesprochen. Nunmehr sind sie Bestandteil juristisch belangreicher Texte ebenso wie privater Äußerungen. Als Beispiel für ersteres berichtet B. Dieckmann von der Verlesung einer päpstlichen Bulle vom Jahre 1035, die den »Gottesfrieden«[237] ausrief. Während des Gottesdienstes wurden nach der Evangelienlesung die Kerzen am Altar ausgelöscht, und der Priester verkündigte: »Alle, die sich weigern zu gehorchen, sollen verflucht sein und ihr Erbteil haben mit Kain, dem ersten Mörder, mit Judas, dem Erzverräter, und mit Dathan und Abira, die lebend in die Hölle hinabstiegen (vgl. Num 16,31–33). Sie sollen verflucht sein im gegenwärtigen Leben, und ihre Hoffnung auf Heil soll vergehen, wie das Licht dieser Kerzen ausgelöscht wurde.«[238] Als Beispiel für letzteres ist auf die Fluchformel in vielen hochmittelalterlichen Büchern zu verweisen: »Wer dich stiehlt, sei mit Judas verdammt.«[239]

Diese Überzeugung von der ewigen Verdammnis drückt sich auch aus in einem Lied, das seinerseits als Vorlage polemischer Spottgesänge gedient hat:

> O du armer Judas, was hast du getan,
> dass du unsern Herren also verraten hast!
> Darum musst du leiden höllische Pein.
> Luzifers Geselle / musst du ewig sein. [240]

Auch Luther ist davon überzeugt: Der Verrat hätte Judas vergeben werden können, nicht aber die Verzweiflung am Gnadenwort. [241]

---

237 Die Bewegung des »Gottesfriedens« ist im 10. Jahrhundert in Frankreich angesichts der zahlreichen Fehden des Adels aufgekommen. Verboten wurden Kampfhandlungen von Mittwoch Abend bis Montag Früh.
238 Zitiert nach B. Dieckmann, Judas, 84.
239 Zitiert nach B. Dieckmann, Judas, 85.
240 Zitiert nach B. Dieckmann, Judas, 77. Die Rechtschreibung wurde modernisiert.
241 M. Luther, TR 273, nach K. Lüthi, Judas, 13.

2.6. Differenzierungen im Judasbild

Wenn im Folgenden die wenigen Differenzierungen im mittelalterlichen Judasbild erfasst werden, muss man sich des proportionalen Ungleichgewichtes dieser unserer Darstellung immer bewusst bleiben. Es geht darum, die positiven Ausnahmen leuchten zu lassen.

2.6.1. Das Urteil des Judas über die Folgen seiner Tat

Für altkirchliche Theologen steht in der Regel fest, dass Judas sich der Folgen seiner Tat bewusst war. Eine Ausnahme ist nur bei Theophylakt von Ochrid genannt, die, natürlich bei anderer Wertung, ein Moment der Konstruktion bei William Klassen vorwegnimmt: Theophylakt zitiert als Auslegung »einiger« die These, Judas habe aus Habgier Jesus in der Annahme verraten, Jesus werde den Juden entkommen wie schon öfters vorher,[242] und habe seine Tat bereut, als er das Todesgeschick Jesu vor Augen sah. Er habe sich erhängt, um Jesus im Tode zuvorzukommen, ihn um Verzeihung zu bitten und so der Seligkeit teilhaftig zu werden; der Baum aber habe sich nach unten gebogen, so dass er am Leben geblieben sei, da Gott ihn zur Buße oder zum Beispiel (für das göttliche Strafgericht) und Schandmal aufbewahren wollte. Er sei dann nach langer Krankheit (Wassersucht) durch einen Unfalltod (Apg 1,18) ums Leben gekommen.[243] Deutlich ist, dass

---

242 Weitere Vertreter dieser Auffassung sind genannt bei K. Lüthi, Judas, 76 f.

243 Theophylakt von Ochrid, in Matth., PG 123, 460 BC. Einen ähnlichen Gedanken hinsichtlich der Erwartung des Judas über Jesu weiteres Geschick erwogen die reformierten Theologen W. Musculus (1497–1563) und G. A. Saldenus (1627–1694; Hinweise bei K. Lüthi, Judas Iskarioth, 34.42).

die Annahme des Judas, Jesus werde auch diesmal entkommen, im umkehrenden Rückschlussverfahren aus
Mt 27,3 ermittelt wurde: »als Judas sah [...], dass Jesus
verurteilt war, reute ihn [...]«.

2.6.2. Die Rätselhaftigkeit der Person des Judas

Als Beispiel einer von der üblichen Verurteilung des
Judas abweichenden Interpretation wird zumeist die
um 1270 entstandene Darstellung der Verhandlungsszene Mt 26,14–16 am Westlettner des Domes von
Naumburg (Abb. 12) interpretiert.

Die Gesichtszüge des Judas lassen nicht die fana-
tische Bosheit, sondern eher Angst, Zweifel und Ge-
wissensqual erkennen. Hanna Jursch bemerkt: Neu
ist, dass der Künstler »nicht ein Urteil über ihn [Ju-
das] spricht, dass er ihn und seine Tat nicht bewertet, sondern dass er sein rätselhaftes Schicksal mit
durchleidet. Hier ist Gutes und Böses in einem,
Gier nach dem Gelde und nach Macht, der dunkle
Drang zum Bösen, aber zugleich Erkenntnis des Irr-
weges, Reue, die einen Ausweg sucht, Verzweiflung, die keinen mehr findet außer dem Tod. All
das hat sich in diesem Gesicht zusammengeballt.
Der Künstler hat einen unglückseligen Menschen,
aber keinen Bösewicht gestaltet. Er hat das psychologische Rätsel Judas Ischarioth auf seine Weise zu
lösen versucht.«[244]

Dass der Suizid des Judas auf die Einwirkung des
Satans zurückzuführen ist, der ihn nicht zu Christus
gelangen lässt,[245] ist in seiner Wertung ambivalent.

---

244 HANNA JURSCH, Judas, 104. Zu einer ähnlichen Interpreta-
     tion gelangt U. LUZ, Das Evangelium nach Matthäus, IV,
     76.
245 EUTHYMIUS ZIGABENUS, in Mt., PG 129, 705 C.

Abb. 12: Naumburger Dom, Westlettner (ca. 1260),
der Judaspakt (Schubert, Ernst, Der Naumburger Dom.
Mit Fotografien von Janos Stekovics, Halle 1997, 143)

Einerseits kann Judas entlastet werden, andererseits
wird auch in reformatorischer Tradition die Eigen-
verantwortlichkeit des Judas betont: Er hat aus freiem Willen der Versuchung des Teufels zugestimmt
und gesündigt, nicht aus Notwendigkeit heraus. Die
Ursache zu seinem Fehltritt lag in ihm selbst, nicht in

einer Notwendigkeit und auch nicht im Willen Gottes.[246]

2.6.3. Die Frage der ewigen Seligkeit des Judas

Der dominikanische Volksprediger Vinzenz Ferrer (1350–1419) ist nach B. Dieckmann der einzige, der aus dem allgemeinen Verdammungsurteil über Judas ausschert und ihm die ewige Seligkeit zuspricht:

Judas, [...] der den Heiland verraten und verkauft habe, sei nach dessen Kreuzigung von einer wahrhaftigen und heilsamen Reuegesinnung erfasst worden und habe aus allen Kräften versucht, sich Christus zu nahen, um für seinen Verkauf und Verrat Abbitte zu leisten. Doch da Christus von einer so großen Menschenmenge zum Kalvarienberg (= Golgatha) begleitet war, sei es dem Judas unmöglich gewesen, zu ihm zu kommen, und er habe dann in seinem Herzen gesprochen: Da ich zu den Füßen des Meisters nicht gelangen kann, will ich ihm wenigstens im Geiste nahen und ihn so demütig um Verzeihung bitten. Das tat er denn auch wirklich, und als er den Strick nahm und sich erhängte, eilte seine Seele noch zu Christus auf den Kalvarienberg, bat ihn dort um Verzeihung, empfing sie von Christus auch vollständig, stieg mit ihm in den Himmel auf, und so genießt seine Seele mit anderen Auswählten die Seligkeit.[247]

Auch hier gibt es eine künstlerische Umsetzung, nämlich in Vézelay (Burgund) in St. Madeleine (Abb. 13).

In der Reformationszeit ist es der Täufer Hans Denk, der von der ewigen Seligkeit des Judas überzeugt war. Umstritten ist bei Bachs Matthäuspassion, ob sich in der Arie »Gebt mir meinen Jesum wieder« vor allem angesichts des Stichwortes »der verlorene Sohn« eine ähnliche Anschauung vorsichtig zu Wort meldet.

---

246 MELANCHTHON, CR 15, 293, nach K. LÜTHI, Judas, 19.
247 B. DIECKMANN, Judas, 139. Der Gedanke der ewigen Seligkeit des Judas taucht auch bei ANATOLE FRANCE wieder auf, der damit die Kritik an der Mitleidslosigkeit der offiziellen Kirche gegenüber Judas verbindet.

3. Das Judasbild
seit der Aufklärung

Die Motive für eine Abkehr von dem Judasbild vor der Aufklärung lassen sich problemlos dem allgemeinen geistigen Umbruch dieser Zeit zuordnen: kirchlich-traditionelle Deutungen des in der Bibel erzählten Geschehens werden hinterfragt. Historisches Bewusstsein kommt auf, ebenso das Bemühen, eine Person aus ihrer eigenen Zeit und ihrer konkreten Lebenssituation zu verstehen, was literaturwissenschaftlich die Abkehr von der paradigmatischen Funktion biographischen Erzählens impliziert. So wird im Fall des Judas die Wandlung des Apostels zum Verräter der Gegenstand eigenen Interesses; zusätzlich veranschaulicht er die Rätselhaftigkeit menschlicher Existenz, die man vor allem an dem Widereinander von Jüngerschaft, »Verrat«, Reue und Verzweiflung gespiegelt findet. Judas wird vom Typos zum Individuum.

1991 hat Bernhard Dieckmann unter dem Obertitel »Streit um Judas«[248] insgesamt 15 Judasbilder seit der Aufklärung Revue passieren lassen, 1996 haben Matthias Krieg und Gabrielle Zangger-Derron eine Anthologie von Texten zusammengestellt, die sich mit der Judasgestalt befassen, und sie unter die Rubriken »Verkörperung des Bösen«, »Antiheld der Messiaserwartung«, »Werkzeug des Heilsplans«, »Opfer der Liebe«, »Vertreter des Menschen«, »Denkfigur der Theologie« eingeordnet.[249] Eine ähnliche Typisierung nimmt Matthias Krieg in einem 2002 veröffentlichten Aufsatz vor.[250]

---

248 B. Dieckmann, Judas, 7.

249 M. Krieg/G. Zangger-Derron, Judas. Ein literarisch-theologisches Lesebuch, Zürich 1996.

250 M. Krieg, Schöner trauriger Judas. Typologie einer literarischen Figur, KuI 17, 2002, 76–85.

Es zeigt sich, dass die neuere Literatur die zuerst genannte Typisierung des Judas umfunktioniert: An seiner Gestalt werden gesellschafts- und kirchenkritische Motive ebenso abgearbeitet wie das Erschrecken über die Trivialität und die weite Verbreitung eines solchen Handelns. Daneben kann er ohne negative Wertung auch für die eigene Einsamkeit und die Unerfülltheit menschlichen Lebens stehen.

3.1. Judas als Antiheld der Messiaserwartung

Am Beginn der oben beschriebenen Entwicklung eines neuen Judasbildes steht die Judasdeutung durch Friedrich Gottfried Klopstock (1724–1803) in seinem »Messias«, einem zwischen 1748 und 1773 abschnittsweise veröffentlichten Epos in zwanzig Gesängen. Klopstock versucht eine psychologische Entwicklung in Judas auszumachen: nach anfänglicher Liebe zu Jesus entwickeln sich Eifersucht und Habgier. Der Satan sendet Judas einen Traum, in dem ihm sein Vater erscheint und Judas zum Handeln drängt; er soll Jesus durch die Auslieferung an die jüdischen Priester dazu bewegen, dass er endlich sein Reich errichte und Judas sein Erbteil – es ist klein im Verhältnis zu dem der anderen Apostel – erlangen kann. Nach anfänglichem Zweifel tut Judas, was ihm das Traumbild geheißen; mit dem Tod Jesu rechnet er nicht. Das Neue an diesem Judasbild ist, dass mit Hilfe der politisch verstandenen Reich-Gottes-Botschaft Jesu ein innerer Zusammenhang des Apostolats mit dem so genannten »Verrat« konstruiert werden kann.

Nach J. W. von Goethe war Judas bei seinem »Verrat« fest davon überzeugt,

»dass Christus sich als Regent und Volkshaupt erklären werde, und habe das bisher unüberwindliche Zaudern des Herrn mit

Gewalt zur Tat nötigen wollen und deswegen die Priesterschaft zu Tätlichkeiten aufgereizt, welche auch diese bisher nicht gewagt. Von der Jünger Seite sei man auch nicht unbewaffnet gewesen, und wahrscheinlicherweise wäre alles gut abgelaufen, wenn der Herr sich nicht selbst ergeben und sie in den traurigsten Zuständen zurückgelassen hätte.«[251]

Ein Gespräch mit Ahasver, der die politische Brisanz des Selbstanspruches Jesu erkennt, diesen Selbstanspruch aber nicht gutheißen kann, bringt Judas vollends zur Verzweiflung.

Goethes Deutung wurde mehrfach aufgegriffen, so bei Emanuel Geibel und Richard Wagner,[252] dann in Carl Sternheims Drama »Judas Ischariot. Die Tragödie vom Verrat« (1901) und in Georg von der Gabelenz' »Judas. Drama in drei Akten« (1911). Erich Mühsam überträgt diese Deutung in seinem Drama »Judas« (1921) in das Arbeitermilieu einer deutschen Großstadt von 1918.[253] Nach Coral Topping (1889–1988) hoffte Judas auf eine Revolte gegen Rom und zugleich gegen die korrupte jüdische Tempelaristokratie; sich selbst sah er als zukünftigen König von Judäa, Jesus als Hohenpriester. Judas und Jesus gemeinsam werden von den jüdischen Aristokraten betrogen; als Judas den gefangenen Jesus befreien will und von der bereits vollzogenen Hinrichtung erfährt, erhängt er sich, aber nicht aus Reue über seine Tat, sondern aus Verzweiflung darüber, dass Gott nicht eingreift und der Ungerechtigkeit in den derzeitigen Zuständen in Jerusalem nicht Einhalt gebietet.[254] Luise Rinser zeichnet Judas

---

251 J. W. v. Goethe, Dichtung und Wahrheit, Buch 15.

252 Beide sahen in Judas einen glühenden Patrioten. Richard Wagner hat seine Vorstellungen in der Skizze seines »Jesus-Dramas« (1843) entwickelt.

253 G. Langenhorst, Zeugen, 518.

254 Darstellung nach K. Paffenroth, Judas, 85.

in ihrem Roman »Mirjam« als verzweifelten Revolutionär, der auch die Anwendung von Gewalt befürwortet, während Jesus die Gewaltlosigkeit predigt. Zwar hat Judas mit der politischen Interpretation der Verkündigung Jesu, so Luise Rinser, den falschen Weg eingeschlagen, doch ist er subjektiv gerechtfertigt. Der »Verrat« ist nichts anderes als ein Schachzug, der Jesus dazu zwingen sollte, sich als Anführer der Volksbewegung zu offenbaren.

Peter Maiwald stellt in seinem Gedicht »Judas-Versionen« diese Deutung neben die traditionelle Interpretation der Judasgestalt als Prototyp des Geldgierigen; sichtbar wird somit die Fraglichkeit aller dieser Deutungsmuster:[255]

Judas-Versionen

1

Ich geb zu: ich war's.
Der Rest ist Legende. Die Silberlinge
Warf ich in keinen Tempel, sondern
Für einen überbezahlten Acker
In die Hände eines Wucherers.
Der mir zugesagte Strick
war meinem Ochsen angemessener
und die Geschichte meines Verrats
gab ich zum Besten den Zeitungen.
Die druckten, was überkam: das Papier
vergötzt den Fluch der bösen Tat.

2

Verräter nennen sie mich weil
Ich sah dass die Sache schief ging
(Von wegen: halt die andre Wange hin),
Ihn zu reizen, zurückzuschlagen
verriet ich ihn einzig
Petrus verstand meine Botschaft:
das abgeschlagene Ohr hörte
mehr als die unverletzten.

---

255 Wiedergabe nach G. Langenhorst, Zeugen, 517 f.

Die Silberlinge, die mir zu Last
gelegt wurden von der Geschichte
beschwerten meinen Strick,
unwesentlich.

3.2. Judas als Werkzeug in einem höheren Plan

J. W. C. Vortmann behauptete 1835, »Judas habe als einziger der Jünger Jesu Prophezeiungen von seinem Ende verstanden und, damit sich diese Verheißung auch
erfülle, hätte er sich für den Verrat hergegeben«.[256]
Fritz Rosenthal (= Schalom Ben-Chorin) lässt einen
1935 erschienenen Gedichtzyklus von vier Sonetten
über Judas »mit der Pointe enden, daß Gott ihn als Miterlöser annimmt«.[257] In Nikos Kazantzakis' (1883 bis
1957) Roman *Die letzte Versuchung* ist Judas »Verräter
aus Gehorsam«: Jesus erkennt, dass Gottes Herrschaft
nur anbrechen kann, wenn er sich opfert, und fordert
Judas deshalb auf, ihn an die Machthaber auszuliefern:
»so muss es geschehen, ich muss getötet werden, und
du musst mich verraten, wir zwei müssen die Welt retten, hilf mir«.[258]

---

256 B. Dieckmann, Judas, 159.
257 G. Langenhorst, Zeugen, 517. Auf parallele Anschauungen bei Giuseppe Berto (1914–1981) und Wolfdietrich Schnurre (1920–1989) verweist G. Langenhorst,
      Zeugen, 519 f.
258 N. Kazantzakis, bei B. Dieckmann, Judas, 203. – Mehrfach in Literatur und Film wird der Prozess der Vorbereitung eines durch eine Dorfgemeinschaft getragenen Passionsspiels kritisch beleuchtet: Die Übernahme der
      Judasrolle durch Laienschauspieler, die bisher in ihrer
      Umgebung integriert waren, verändert deren Leben hin
      zu dem eines Außenseiters, weil sie sich zunehmend mit
      ihrer Rolle identifiziert sehen. Thematisiert ist dies in
      N. Kazantzakis' »Griechischer Passion« (vgl. J. Imbach,
      Judas, 114) sowie in frühen Judasfilmen (Hinweis bei

Auch bei Mario Pomilio übt Judas Verrat, um Jesu Sache am Leben zu erhalten: Jesus sollte nicht umsonst, sondern für seine wirkliche Botschaft sterben; »sein Tod sollte ›Zeugnis und Symbol‹ für die Wahrheit sein«.[259] Diese Wahrheit, in einer fiktiven Versammlung durch eine unbekannte Gestalt vertreten, die sich selbst als fünften Evangelisten bezeichnet, stellt nun auch des Judas' Behauptung seiner schicksalhaften Verstrickung in Frage. Daraus wird aber nicht eine Verurteilung des Judas, vielmehr gehen, nachdem Judas erkannt hat, dass in dem fünften Evangelisten niemand anders gegenwärtig ist als Jesus selbst, Judas und Jesus gemeinsam für ihre Überzeugung in den Tod, dass der Staat nicht das Recht hat, das von Jesus zur unendlichen Freiheit erhobene Gewissen zu unterwerfen. Statt blinden Gehorsam zu üben bleibt dem Einzelnen die Verantwortung auferlegt zu fragen, »ob ein staatliches Gesetz gerecht und die Ausführung eines Befehls vor dem Gewissen zu verantworten sei«.[260] Im Hinblick auf Ort und Zeit der erzählten Welt (das nationalsozialistische Deutschland des Jahres 1940) wird die aktuelle Relevanz der Fragestellung sofort deutlich.

Ähnlich wird in Walter Jens' *Der Fall Judas* einleitend der Antrag auf Seligsprechung des Jüngers begründet:

»Ehre sei Gott – Ich, P. Berthold B. OFM, stelle den Antrag, Judas aus Kerioth seligzusprechen, der ein Sohn des Simon war und im Volksmund bis heute Judas, der Sichelmann heißt. Ich bitte den Heiligen Stuhl zu erklären, daß dieser Judas in die himmlische

---

G. LANGENHORST, Jesus ging nach Hollywood, 74): »Der Judas von Tirol« (Deutschland 1933) und »Judas« (Spanien 1952).

259 J. IMBACH, Judas, 125.
260 J. IMBACH, Judas, 127 f.

Glorie eingegangen ist und öffentliche Verehrung verdient. Denn ihm und keinem anderen sonst ist es zu danken, daß in Erfüllung ging, was im Gesetz und bei den Propheten über den Menschensohn steht. Hätte er sich geweigert, unseren Herrn Jesus Christus den Schriftauslegern und Großen Priestern zu übergeben [...] er wäre an Gott zum Verräter geworden. Ohne Judas kein Kreuz, ohne das Kreuz keine Erfüllung des Heilsplans. Keine Kirche ohne diesen Mann; keine Überlieferung ohne den Überlieferer. Ein revoltierender Judas hätte Jesus das Leben gerettet – und uns allen den Tod gebracht. Aber Judas rebellierte nicht. ER wußte nämlich, daß es an ihm – einzig an ihm! – lag, ob die Prophetie des alten Bundes sich erfüllte oder nicht.«[261]

Das Buch von W. Jens beschränkt sich freilich nicht auf diesen Aspekt, sondern ist im Grunde ein Kompendium der wichtigsten Judasrezeptionen bis 1975 und in diesem Sinne bis heute ein Standardwerk. Der Vorzug dieses Buches »liegt [...] vor allem darin, nicht ein fertiges Gegenbild von Jesus zu präsentieren, sondern die Leser aufzufordern, sich selbst im Spiegel der angebotenen Versionen und Gegenversionen ein eigenes Bild zu machen«.[262]

In säkularisierter Form wird die genannte Vorstellung zur Kritik an der stalinistischen Diktatur, wobei aber auch die Figur des Judas selbst eine negative Wertung erfährt: Bei Michail Bulgakow (1891–1940) ist Judas nicht mehr als der nützliche Idiot im System, nicht mehr als eine Marionette des römischen Geheimdienstes, dem er sich um des Geldes willen (weil er eine teure Liebschaft finanzieren muss) andient; er kommt aber nicht durch Suizid oder Unfalltod ums Leben, sondern wird nach der Kreuzigung Jesu seinerseits ermordet, und zwar von niemand anderem als von

---

261   W. Jens, Der Fall Judas, 8. Der Autor hat 1989 diese Interpretation wieder aufgegriffen in seinem Monolog »›Ich, ein Jud.‹ Verteidigungsrede des Judas Ischariot«.

262   G. Langenhorst, Zeugen, 522.

eben diesem Geheimdienst, um die Spuren zu ver-
wischen.[263]

3.3. *Judas als anthropologische Chiffre*

Judas als anthropologische Chiffre ist schon in der Zeit
vor der Aufklärung da wirksam, wo er als Vater der Bösen, der Feinde Christi, der Häretiker genannt und wo
sein Name verwendet wird, um politische und religiöse
Gegner zu diskreditieren. In der Aufklärungszeit wandeln sich teilweise der Sitz im Leben und die Funktion
dieser Chiffre: »Judas« wird allgemein zum Symbol für
Treulosigkeit und Verrat, unabhängig von den Inhalten;
ferner gilt er mit seiner oft als trivial empfundenen Tat
nicht mehr als Einzelfall, wie nachfolgendes Epigramm
von Christian Friedrich Hebbel (1813 bis 1863) zeigt:[264]

Zwölf Apostel und doch nur ein einziger Judas darunter?
Würbe der Göttliche heut, zählte er mindestens elf.

Der Sinn ist klar: ›Judas‹ ist die Regel und der ›Nicht-
judas‹ die Ausnahme.[265] In Carl Spittelers ironischem
»Testament des Judas Ischariot« lehrt Judas seinen
Söhnen »den gewöhnlichen Verrat als Lebenslüge ver-
räterischer Gewöhnlichkeit« und wird gerade so zum
Antihelden.[266]

Letztlich unter diese Kategorie fällt auch, wenn der
Schweizer Albin Zollinger (1895–1941) in Judas nur einen schwachen Vorgeschmack dessen sieht, was er als
das Verhalten vieler Nutznießer der nationalsozialistischen Diktatur erlebt:[267]

---

263   Darstellung nach M. KRIEG, Judas, 246.
264   Wiedergabe nach M. KRIEG, Judas, 273.
265   M. KRIEG, Judas, 274.
266   M. KRIEG, Judas, 278.
267   Wiedergabe nach M. KRIEG, Schöner trauriger Judas, 81 f.

Im Paradies aus Teufelsschissen
Grell aufgeblüht, stinkt der Verrat
Auch dem Jahrhundert ins Gewissen
Mit seiner feilen Judastat.

Ischariot, du Waisenknabe
An Niedertracht, warfst deinen Lohn
Von dir und machtest dich zum Grabe
Vor Furien deiner Furcht davon.

Lausige Parasiten, wohnen
Die neuern Schurken scharenweis
Der Tyrannei im Hintern, thronen
Sie auf der Schande faulem Preis

Das Gedicht ist im Grunde in einer Rezeptionslinie von Mt 27,3 zu verorten, die das Motiv der Reue des Judas kritisch gegen seine Nachahmer wendet, die von solcher Reue nichts wissen wollen.

Weniger die aktive Vernichtung eines personal gedachten Gegenüber als die Entfremdung von den eigenen Wurzeln ist angesprochen, wenn Paul Claudel von der Haltung eines konservativen Katholizismus aus gerade im Suizid des Judas – der Baum, an dem Judas hängt, öffnet sich nach allen Richtungen – die Situation des neuzeitlich säkularisierten, bindungslosen Intellektuellen gezeichnet sieht.[268] Nur formal analog ist die Rezeption der Judasgestalt bei Max Brod: »Mit seiner Judasfigur kritisiert Brod den Indifferentismus eines assimilierten intellektuellen Judentums und stellt ihn als eine Folge des neurotischen Verhältnisses zu den eigenen Wurzeln dar.«[269] Inhaltlich hingegen eröffnet Max Brod völlig neue Perspektiven durch die überraschende und für Christen beschämende Umkehrung eines alten christlichen Traditionsmusters: Verrät dort vor allem nach spätmittelalterlichen Judasdarstel-

---

268 B. Dieckmann, Judas, 200.
269 G. Zangger-Derron, Judas, 177.

lungen ein mit typisch jüdischen Zügen ausgestatteter Judas seinen Herrn, der – so die damalige (!) Überzeugung – die Fesseln des Judentums hinter sich gelassen hatte, so ist Judas bei Brod gerade der abtrünnige Jude, während Jesus »in seiner Person das Judentum vollkommen zur Geltung«[270] bringt.

Judas als anthropologische Chiffre ist auch da wirksam, wo die Realität diktatorischer Systeme und der Umgang damit im Zentrum der Betrachtung stehen. Auf Buchtitel wie *Judasfrauen* und *Genosse Judas* wurde schon verwiesen. Zum Thema »mit der Realität der (ehemaligen) DDR« soll im Folgenden zunächst eine Außen-, dann eine Innensicht geboten werden. Bemerkenswert ist in beiden Fällen, dass die Tat des Judas nicht beschönigt wird, es aber nicht zu einer endgültigen Verurteilung kommt.

Josef Reding (*1929) erzählt in seiner Kurzgeschichte *Wer betet für Judas?* von der Begegnung des in die DDR übersiedelten ehemaligen Jurastudenten Happers mit zwei Kommilitonen (Derringer und Wichtler), in der Happers den beiden anderen die Beweggründe seines Verhaltens erklärt und diese wiederum ihm die Folgen seines Verhaltens vor Augen führen. Nicht aus weltanschaulichen Gründen, sondern aus finanziellen Erwägungen ist Happers laut eigener Aussage hinübergegangen und hat um einer sorgenfreien Existenz willen gewisse Kompromisse mit den Verhältnissen in Kauf genommen – im Westen für eine Verbesserung der Verhältnisse zu arbeiten, erschien ihm aussichtslos –, doch wird er im Gespräch mit der Tatsache konfrontiert, dass aufgrund seiner Denunziation ein vierter Kommilitone im Zuchthaus sitzt. Das Schimpfwort »Judas« fällt, und als Happers ein wenig Bier verschüt-

---

270   G. Zangger-Derron, Judas, 177.

tet, schreibt Derringer mit der Flüssigkeit die Worte
»JUDAS!« auf den weißen Tisch.

»Aber dann packte ihn bis ins letzte Blutkörperchen hinein ein
Gedanke wie eine Blasphemie.

Wer betet für Judas? Fragte er sich. Warum beten wir so wenig
für Menschen wie Happers, wenn wir spüren, sie werden innerlich krank. Wer hat damals von den Aposteln für Judas gebetet,
als er von seinen Zweifeln sprach? Wer hat diesem Mann aus Ka-
rioth zu helfen versucht? Dieser Kassierer Christi war doch nicht
der Satan in Person. Er muss doch ansprechbar gewesen sein,
wenn man nach seiner Mutter gefragt hätte oder nach seinen Sorgen, die Drachmen zusammenzuhalten! Ob es Zweck hatte, heute noch für Judas zu beten? Nicht nur für Happers, sondern für
diesen Kleingläubigen, der für 75 Mark – mehr sind und waren
dreißig Silberlinge nicht wert – den Herrn verriet? Wenn ich heute noch für ihn bete, hat Gott damals schon um diese Fürbitte gewusst, sie auf die Waagschale gelegt als Gegengewicht gegen
Verräterkuss und Selbstmordstrick?

Derringer schämte sich, auch nur ein Wort von diesen Gedanken laut zu sagen. Auf einmal hatte er Angst vor der Dreistigkeit,
mit der Wichtler und er sich hier zum Richter machen wollten.
Langsam strich er das Wort JUDAS mit der Handkante weg.

Das Bier stank.«[271]

Gerhard Schöne versucht in seinem Lied »Setz dich zu
mir, Bruder Judas« einen eigenen Beitrag zur Bewälti-
gung der Denunziationserfahrungen in der ehemaligen DDR:

> Setz' Dich zu mir, Bruder Judas.
> Nimm vom Hals das Seil!
> Wisch die Tränen von den Wangen,
> 's ist genug kaputt gegangen
> und wird nicht mehr heil.
>
> Misstrau'n hast Du wie ein Unkraut
> zwischen uns gestreut.
> Jugend aus dem Land getrieben,
> eingelocht und aufgerieben
> viele gute Leut.

---

271 Wiedergabe nach G. ZANGGER-DERRON, Judas, 306.

Schriebst ins Klassenbuch Notizen
über jedes Kind.
Lehrtest mit zwei Zungen reden,
petzen, heucheln, leise treten,
's Mäntelchen in Wind.

Trankst als einer meiner Freunde
Brüderschaft mit mir.
Hast in meiner Post gelesen,
hinterm Telefon gesessen,
gingst durch meine Tür.

Dann verfasstest Du Berichte,
knüpftest einen Strick.
Daraus wuchs ein Netz von Schlingen.
Manchen, die sich drin verfingen,
brach es das Genick.

Und ich war auch Dein Komplize.
Gab Dir lange Zeit
durch mein Schweigen und mein Dulden
eines jeden Mitverschulden
solche Sicherheit.

Dich hat der Verrat zerfressen.
Freundschaft ist ein Hohn.
Die Gedanken sind verdorben,
dein Gewissen fast gestorben
für den Silberlohn.

Schutzlos stehst Du jetzt am Pranger.
Man darf Dich bespei'n.
Die sonst nie den Mund auftaten,
niemals aus dem Schatten traten,
werfen ihren Stein.

Nimm ein heißes Bad und schrubb Dich!
Bist noch lang nicht rein.
Lern' Bereuen, ich lern vergeben,
müssen doch zusammen leben,
Judas, Brüderlein.[272]

---

272 Wiedergabe nach KatBl 117, 1992, 455.

Von theologischer Bedeutung ist, dass die Schuld des Judas nicht verharmlost, dass gleichwohl kein endgültiges Verdammungsurteil gesprochen wird. Letzteres hält auch Helmut Gollwitzer durch: In seiner Meditation »Gute Botschaft für Judas Ischarioth« endet eine fiktive Rede Jesu an Judas mit den Worten »Dein Recht zum Leben hast du verspielt. Ich bin dein neues Recht zum Leben.«[273] Christine Busta stellt in einem Gedicht über Simon von Kyrene dar, wie er nicht nur Jesus das Kreuz nachträgt:

> »Zum andern Mal hat er sich bekannt,
> als sie schaudernd den Baum umstanden,
> an dem sich Judas selber gerichtet.
> Keiner wollte den Strick abschneiden.
> Simon löste sein Winzermesser
> Vom Gürtel und einer der Jünger schrie:
> ›Berühr' ihn nicht, er ist der Verräter!‹
>
> Simon lud sich den Toten auf
> und trat aus dem Schatten.
> ›Wo bist du gewesen,
> als sie Jesus nach Golgotha schleppten?
> Ich habe ihm sein Kreuz nachgetragen,
> ich trage ihm auch den Judas nach‹,
> sagte er. Und sie wichen verstört.
> Keiner wagte, ihm nachzufolgen.[274]

Noch weiter geht Norbert Lepping: Auch die Situation der Aufdeckung von Denunziation stellt eine »Judas-Situation« dar, wenn sie die durch Denunziation begonnene Unheilsgeschichte verlängert und nicht durch die Kraft der Vergebung überwindet.[275]

Theologisch ist mit Romano Guardini festzustellen: »Uns selbst enthüllt Judas«.[276]

---

273 H. Gollwitzer, Krummes Holz, 280.
274 C. Busta, Späte Aufzeichnungen, 93, wiedergegeben nach N. Lepping, Verdammt in alle Ewigkeit?, 470.
275 N. Lepping, Verdammt in alle Ewigkeit?, 470.
276 R. Guardini, Der Herr, 418.

3.4. Judas als psychologische Chiffre

Die folgenden Rezeptionsformen sind von den bisher verhandelten teilweise dadurch unterschieden, dass Judas nunmehr zur positiv besetzten Figur wird, an der eigenes Erleben verdeutlicht werden kann.

3.4.1. Die Undurchschaubarkeit eigenen Erlebens

Die Judasgestalt kann dazu dienen, die letztlich undurchschauten Gefühle innerhalb einer Beziehung zu thematisieren. So verwandelt sich für Ingeborg Drewitz (1923–1986) äußerlich die anfängliche Liebe bei Judas, der als Heimatloser und Marginalisierter Heimat bei Jesus gefunden hatte, in Eifersucht und Hass, doch erst nach seiner Tat erkennt Judas, dass dieser Hass nicht das eigentlich Kennzeichnende seiner Beziehung zu Jesus war: »Ich habe geglaubt, ich hasse IHN. / Und DER mich hassen müßte, hat geweint.«[277]

In psychoanalytischer Judasdeutung wird Judas zur Projektionsfigur. Er verkörpert die dunklen Seiten des Menschen, des Christen, die der christliche Glaube unterdrückt oder tabuisiert. Gerhard Wehr wendet diesen Ansatz zur Mahnung, sich an dem Vorbild Jesu zu orientieren: Jesus hat Judas als Apostel bejaht und noch bei seiner Gefangennahme den Kuss als Zeichen der Freundschaft entgegengenommen. So sollen wir »das eigene mängelbeladene Ich, aber auch das konkrete Du annehmen, so wie es ist, frei von Illusionen, seien es positiv oder negativ scheinende, Illusionen über uns, die wir in der Regel auf das Du projizieren«.[278]

---

277   M. Krieg, Judas, 266.
278   G. Wehr, Judas, 146 f.

3.4.2. Die Einsamkeit des Außenseiters

Das Bild des Judas lädt offensichtlich mehrfach dazu ein, dass sich Literatinnen und Literaten mit ihm identifizieren.

So vermutet Matthias Krieg bei Leonid Andrejew (1871–1919) letztlich ein Selbstporträt, wenn Judas gezeichnet wird als »der grübelnde und liebende Melancholiker, [...] der ungeliebte Außenseiter«, der nur Mitleid erregt, aber nicht wirklich in die Gemeinschaft der Jünger integriert ist.[279] Entsprechend hat Hannah Liron die Gestalt des Judas in dem Jesusroman *Auf engem Pfad* des jüdischen Schriftstellers Aharon Awraham Kabak (1881–1944) gedeutet. Judas wird Jesus gegenübergestellt als Typus der »Einsamkeit der tief in seinem Leiden versunken, zynischen Judas, der sich sein ganzes Leben lang verstoßen fühlt, von Menschen und von Gott, obwohl seine Seele nach ihnen schreit.«[280] Für Georg Heym (1887–1912), wiederum in der Deutung durch Matthias Krieg, ist Judas »als ein Klagender, den keiner hört [...] und ein Einsamer, den keiner will«,[281] zum Symbol des unerfüllt gebliebenen Lebens und der unerfüllt gebliebenen Liebe geworden.

Igal Mossinsohn schildert Judas als den der Menschen, an dessen missverstandenem Handeln die Macht der Manipulation, an dessen Leben im Exil unter entwurzelter und falscher Identität die menschliche Einsamkeit thematisiert wird. Die mit Judas' Hilfe er-

---

279 KRIEG/ZANGGER-DERRON, 56. – Dieser Aspekt ist auch bei dem von M. KRIEG, Schöner trauriger Judas, 78, mitgeteilten Text von El Ha zu beobachten, wenngleich er in dieser Problematik nicht aufgeht.
280 H. LIRON, Gegendarstellungen, 155.
281 M. KRIEG, Judas, 261.

möglichte Kreuzigung Jesu, von diesem gebilligt, hätte einen antirömischen Volksaufstand auslösen sollen; Petrus und Paulus, die das Motiv des Judas und seine Absprachen nicht kennen, lassen sich durch diese Fakten, die ihnen Judas 10 Jahre später berichtet, nicht davon abbringen, den Pergamenten des NT mehr zu trauen als der Darstellung des Judas. Er wird dann gekreuzigt.[282]

3.5. Judas als Moment der Kirchen- und Bibelkritik

Kirchenkritik ist bei Anatol France (1844–1924) Kritik daran, dass Judas gegenüber jegliches Mitleid verweigert wird; darum wird es für den Haupthelden einer Betrachtung zu Judas im »Garten des Epikur«, Abbé Oegger, zur Gewissheit, für das Priestertum der Barmherzigkeit und Liebe berufen zu sein und im Namen des erlösten Judas »das Evangelium von der unbegrenzten Barmherzigkeit Gottes«[283] zu predigen.

Das 1971 uraufgeführte Musical »Jesus Christ Superstar« zeichnet Judas als den, der gegen die überschwängliche Verehrung Jesu durch seine Anhänger kritische Fragen richtet und damit moderne Christentumskritik aufnimmt: Ist Jesus wirklich der, als den ihn seine Getreuen feiern? Ist sein Selbstanspruch berechtigt? Judas' Suizid wird mit der Verzweiflung darüber begründet, dass Jesus auf seine Kosten als Märtyrer verherrlicht wird, dass er nur ein Steinchen in einem großen Mosaik ist, dass Gott sein Schicksal vorbestimmt hat und dass er machtlos ist, daran etwas zu ändern.

Auch Walter Jens' Fall Judas lässt sich hier einordnen, wenn er in der Verteufelung des Judas das Schick-

---

282 H. Liron, Gegendarstellungen, 158 f.
283 B. Dieckmann, Judas, 196.

sal der von der Institution Kirche Marginalisierten wieder erkennt und darum in einem förmlichen Verfahren die Seligsprechung des Judas fordert:

»Der Fall Judas, der ein Fall all jener Anderen ist, die, als Gebrandmarkte, auf den Gezeichneten am Kreuz verweisen, steht zur Neuentscheidung an.«[284]

W. Jens verweist auf die Strittigkeit des Falles Judas, wie zu Beginn der eben zitierten Schlussnote deutlich wird:

Der vorstehende Text hat den Charakter eines fiktiven Berichts, bei dem der Verfasser sowohl die Partei des Richters als auch die Positionen von Verteidiger und Staatsanwalt vertritt. Diese Form wurde gewählt, um die Strittigkeit eines Falls zu demonstrieren, der, nach einem tausendfachen Schuldspruch, scheinbar längst erledigt ist. In Wahrheit aber bedarf das Verfahren, wie der Traktat zu belegen versucht, der Revision durch eine neue Instanz.

Das eigentliche Übergewicht hat jedoch die Parteinahme für das erste Opfer der Inquisition, wie sie in den Schlussworten deutlich wird:

»Kein Zweifel, die These vom Verräter, die jemand erfand, weil er ihn brauchte, klingt überzeugend. Doch ich glaube ihr nicht. Sie ist zu einfach. [...] Aber selbst wenn sie stimmte, die These, gäbe es für mich nicht den geringsten Grund, meinen Antrag zurückzuziehen. Im Gegenteil, ich hielte ihn sogar um so entschiedener aufrecht und würde verlangen, den Mann aus Kerioth [...] seligzusprechen. Dann nämlich stünde Judas – Judas, mein Bruder – für jene Millionen, die die Orthodoxie (welcher Art immer sie sei) um ihres Freimuts oder, oft genug, auch nur um ihrer Andersartigkeit willen verdammte. Dann wäre er eine Chiffre für Jude und Heide, für Kommunist, Neger und Ketzer – für alle, die man verteufelte und zum Sündenbock machte. Dann verdiente er die Auszeichnung eines Märtyrers, die ihm das Gericht zuerkannte, doppelt und dreifach und wäre von unserer katholischen Kirche – der ich, Ettore J. Pedronelli, bis zu meinem Tode

---

284   W. Jens, Der Fall Judas, 95.

treu bleiben werde – erst recht seligzusprechen. So oder so: Die Kongregation muss jetzt handeln.

Ehre dem Judas.

Ehre den Opfern.«[285]

Karl-Josef Kuschel hat die Intention des Buches m. E. richtig beschrieben: Sie besteht darin, unser Denken zu befreien »von Angstprojektionen, Sündenbock-Ideologien und Ausgrenzungsschemata«.[286]

In die genannte Deutung gehört auch »The Kiss of Judas. A Miracle Play with Music Rehabilitating the 12th Apostle« aus der Feder des liberal-jüdischen Autors P. Ury hinein, das die christliche Judasdeutung wegen ihres Antijudaismus kritisiert und Judas als Symbolgestalt des jüdischen Leidens unter der christlichen Tyrannei versteht. Der Prolog greift den Dialog zwischen Gott und dem Teufel im vorderen Rahmen des Hiobbuches (Hi 1,6–8) auf: Judas wird somit Hiob parallelisiert. Der Hauptteil erzählt in drei Akten von einem fiktiven Gerichtsverfahren, innerhalb dessen traditionelle christliche Judasdeutung in ihren antijü-dischen Bezügen (mit Texten aus dem Mittelalter und von Martin Luther) ebenso zitiert wird wie eine loben-de Äußerung von Adolf Hitler zu dem damaligen Text des Oberammergauer Passionsspiels, in der Pilatus vorteilhaft von den Juden unterschieden wird. Judas wird von der Anklage des Verrates freigesprochen, und selbst der Erzbischof als Vertreter des traditionel-len Christentums stimmt dem Urteil zu; Judas muss auch nicht aus der Hölle befreit werden, weil er, der nie ein Verbrechen begangen hatte, dort gar nicht ist. Am Ende steht die durch den Weltenrichter Christus

---

285   W. Jens, Der Fall Judas, 92.

286   K.-J. Kuschel, Jesus, 22.

bestätigte Aussage, dass für Judas der zwölfte Thron im Himmel bestimmt ist.[287]

3.6. *Judas als Gestalt der kirchlichen Selbstkritik*

Das Gedicht »abendland« des Schweizer Pfarrers und Dichters Kurt Marti (*1921), 1980 erstmals veröffentlicht, lässt sich wieder in eine Linie einordnen, die die von Judas in Mt 27,3 berichtete Reue als vorbildlich im Vergleich zu der üblichen christlichen Selbstgerechtigkeit deklariert:

> abendland
>
> schöner judas
> da schwerblütig nun
> und maßlos
> die sonne
> ihren Untergang feiert
> berührst du mein Herz
> und ich denke dir nach
>
> ach was war
> dein einer verrat
> gegen die vielen
> der christen der kirchen
> die dich verfluchen
>
> ich denke dir nach
> und deiner tödlichen Trauer
> die uns beschämt. [288]

Die Überschrift lässt in Zusammenhang mit Zeile 3–5 das Gedicht als Reflexion auf das Ende des so genannten »christlichen Abendlandes« erscheinen. Die Schuld daran tragen die Christen selbst, wie der Vergleich mit Judas lehrt: Er unterscheidet sich vorteilhaft von jenen, die ihn verfluchen, durch seine tödliche Trauer, die die

---

287 Darstellung nach B. DIECKMANN, Judas, 232–235.
288 K. MARTI, Abendland, 18.

Christen nicht zum Fluch über ihn, sondern zum Erschrecken über das eigene Versagen führen sollte. Dabei nimmt sich das lyrische Ich keineswegs von diesem Versagen aus (»Trauer, die *uns* beschämt«). Man kann Martis Gedicht als moderne Variation des »Ich bin's, ich sollte büßen« interpretieren, als indirekte Gerichtsdoxologie: Der sündige Mensch gibt dem Urteil Gottes über seine Sünde recht (vgl. Ps. 51,6). Wie ernst es Marti mit seinem Anliegen ist, zeigt sich daran, dass der Titel des Gedichtes zugleich der Titel der ganzen Sammlung ist.

In die Linie theologischer Selbstkritik gehört auch das am 28. März 2004 in Basel uraufgeführte Oratorium »Judas Ischarioth« von Alberigo Albano Tuccillo (Text) und David Wohnlich (Komposition). Rehabilitierung des Judas als Mithelfer im Plan der Erlösung und Vermeidung des Antijudaismus sind tragende Anliegen des Werkes, dessen Abgrenzung vom traditionellen kirchlichen Judasbild vornehmlich in intertextuellen Anspielungen an Johann Sebastian Bachs Passionen erfolgt. Das Werk ist in vier Sätze gegliedert, die durch textierte und für den Gesamtcharakter keineswegs zu unterschätzende »Zwischenspiele« voneinander abgesetzt werden.

In Satz 1 ist Judas vor der Passion dargestellt. Der Eingangschor gibt sich sofort als Gegenaussage zum Eingangschor der Johannespassion zu erkennen: »Verräter [...] zeig' uns durch deine Passion.« Schon der Beginn grenzt sich von der kirchlichen Tradition ab, die Judas eine literarische Biographie, derjenigen Jesu vergleichbar, bereits zu seiner Geburt vorenthält: Judas' Geburt wird nicht von himmlischen Heerscharen besungen (vgl. dagegen Lk 2,14); ihm huldigen keine Magier (Mt 2,12). Judas schließt sich dem Kreis der Jünger Jesu an – als schweigsamer Intellektueller. Die erste Rede Jesu an seine Jünger anlässlich ihrer

Auserwählung nimmt auch auf das kommende Geschehen um Judas Bezug: »Warum seid ihr furchtsam, ihr Kleingläubigen (Mt 8,26)? Ich bin nicht gekommen, Gerechte zu berufen, sondern Sünder (Mk 2,17b). Ihr seid das Salz der Erde (Mt 5,13a), Ihr seid das Licht der Welt (Mt 5,14a). Ich sage euch, wenn der Sohn des Menschen auf dem Throne seiner Herrlichkeit sitzen wird, werdet auch ihr auf zwölf Thronen sitzen, um die zwölf Stämme Israels zu richten (Mt 19,28).«

In dem ersten Zwischenspiel besingt Judas als das sprechende Ich die heilsame Kraft der Worte Jesu.

Satz 2 fasst die Ereignisse der Salbung in Bethanien und der Aufdeckung des kommenden Geschehens nach Mk 14,18–21 in einer einzigen Szene zusammen. Auch hier werden Gegenakzente zur traditionellen kirchlichen Verkündigung gesetzt: Dass Judas als Dieb zu betrachten und dass in ihn der Teufel hineingefahren sei, gilt nicht mehr als Bibeltext, sondern als Ansicht der Jünger. Judas wird in Aufnahme von Joh 13,27 (»Was du tun willst/wirst/sollst/musst/darfst, tu es bald«) von Jesus selbst dazu aufgefordert, ihn dahinzugeben (»Ich flehe, Liebster, tu es bald. Rette deinen Retter!«), und sein Handeln wird als Tat der Selbstlosigkeit begriffen. Im folgenden Textstück wird wiederum die Reserve gegenüber der üblichen selbstgerechten Aburteilung des Judas deutlich: »Auch wenn dunkel sind die Gründe, selbstlos lädst auf dich die Sünde der verruchtesten der Taten. Liebe, aus Liebe zu verraten. Wirst zum Bösen, das wir fassen, und zum Juden, den wir hassen. Scheeler Blick und rote Strähne, geile Lippen, faule Zähne, Scheingerechten wie uns allen – »Ich bin's« – gibst die Seele in die Krallen, wählst den Weg in Hass und Hohn als des Opfers einz'gen Lohn.« Dass in uns allen die Möglichkeit des Handelns wie Judas steckt, wird im unmittelbar anschließenden

Rezitativ deutlich: Da ging Judas – »Ich« – zu den Hohenpriestern [...] «. Im weiteren Verlauf dieses Rezitativs werden aber auch die Hohenpriester entlastet und damit wird gegen den traditionellen kirchlichen Antijudaismus Stellung bezogen: Die Oberen Israels sind nicht von Anfang an die Gegner Jesu, die nur auf eine Gelegenheit warten, ihn unauffällig zu beseitigen, sondern begreifen zunächst nicht, warum Judas seinen Meister ihnen in die Hände geben will. Erst die Frage »Was wollt ihr mir geben?« stellt für sie ein verständliches Motiv dar.

Das folgende Zwischenspiel sucht die Tat des Judas als Tat zu erweisen, die Jesu Wort erst eigentlich zur Erfüllung bringt (»Verlass mich, verlass mich nie, doch viel mehr dich – darauf, dass meine Tat dein Wort – hält«).

Im dritten Satz wird Jesu Gefangennahme nach Johannes erzählt. Integriert wird die Frage Mt 26,50 »Mein Freund, warum bist du gekommen?«, verstanden als echte Frage; der Judaskuss wird als gegenseitiger Freundschaftserweis interpretiert. »Doch die Knechte rissen sie voneinander, nahmen Jesus fest, führten ihn ab und ließen Judas allein zurück.«

Judas kann es nicht fassen, dass Jesus nunmehr in den Tod gehen wird. Diese letztlich auf Mt 27,3a fußende Deutung seiner Einsamkeit wird mit einer nochmaligen Absage an die Interpretation des Geschehens durch Johann Sebastian Bach (» [...] eröffne den feurigen Abgrund, o Hölle«) verbunden, indem um ein Zeichen des Himmels gebeten wird, das die Opferung Jesu genauso unnötig machen soll wie damals die Opferung Isaaks (Gen 22). Doch »Gott ließ nicht ab von seinem unergründlichen Vorhaben« der Passion Jesu. Als Judas angesichts der Folterungen Jesu nach Mk 15,16–20a (sic!) sieht, dass seine Hoffnung auf Jesu

Rettung vergebens sein wird, will er den Hohenpriestern das Geld zurückgeben. Hier wird positiv auf Bach Bezug genommen: »Gebt mir meinen Jesum wieder! Seht, das Geld, den Mörderlohn, wirft euch der verlorne Sohn zu den Füßen nieder!«

Seinen bevorstehenden Tod deutet der »bitterlich« (vgl. das Verhalten des Petrus nach Mt 26,75) weinende Judas als Tod des aufrichtigen, doch gottverlassenen Büßers. Ihm wird die Klage Ps 22,2 in den Mund gelegt, die in den Evangelien als das letzte Wort Jesu am Kreuz zitiert wird (Mk 15,34 par. Mt 27,46). Ferner betet er, wie in Bachs Matthäuspassion die salbende Sünderin von Mt 26,6–13 betet, seine Gegenspielerin in der Darstellung von Joh 12: »Siehst du nicht, wie Buß und Reu knirscht mein Sünderherz entzwei?«

»Judas ging in den Tod und niemand war zugegen.« Die Schilderung seines Endes nach Apg 1,18 f. wird als angebliches Bescheidwissen derer entlarvt, die nicht dabei waren, nun aber lauthals sein Ende verkünden. Dem nachdenklichen Betrachter ringt das Ende des Judas hingegen Worte ab, die wiederum an Bach erinnern: »Zerfließe, zerfließe, mein Herze zerfließe. Zerfließe, mein Herze in Fluten der Zähren. Erzähle der Welt und dem Himmel die Not: Dem Höchsten zu Ehren der Verräter ist tot.« Sodann werden wiederum Antiparallelen zum Lebensende Jesu gezogen: Die in Mt 27,51–54 geschilderten Wunderzeichen fehlen.

Das folgende Zwischenspiel lässt die zunichte gewordenen Hoffnungen des Judas für sein persönliches Leben aufscheinen, aber auch für Israel: » [...] Ich sah den geliebten Zion im alten Glanz erstrahlen und niemandem gehorchen ausser sich – vor Gott.«

Im vierten Satz wird ausgehend von Apg 1,16 über die »Schrifterfüllung« nachgedacht, diese dabei in einem doppelten Sinn verstanden: Die Schriftworte über das Lebensende des Judas und seinen Ersatz durch die Nachwahl des Matthias erfüllen sich nach herkömmlicher Verkündigung, das Schriftwort Mt 19,28, das Jesus bei der Auswahl seiner zwölf Apostel diesen zugesprochen hatte (s. o.), erfüllt sich, indem Menschen neu über Judas Ischarioth nachdenken und ihn rehabilitieren. Der Gegensatz zur herkömmlichen Verkündigung wird wieder deutlich, wenn die Nachwahl des Matthias als illegitim hingestellt wird: Hier wird ein Platz neu besetzt, »den der Herr bereits vergeben hatte«. Die Rehabilitierung des Judas wird deutlich, wenn als letzter Textteil die vorösterliche Jüngerliste (in einem Mischtext aus Lk 6,16 und Mk 3,16–19) zitiert wird: In der Liste hat Judas seinen Platz, und im Oratorium steht ein Name am Schluss, ohne die nähere Kennzeichnung, die ihn in Mk 3,19 demaskiert. Die Schlussposition seiner Nennung ist in der Liste abwertend gemeint, im Oratorium wird dadurch noch einmal die bleibende Erwählung des Judas festgehalten und jeglichen Vorstellungen seiner ewigen Verdammnis der Boden entzogen.

Man wird der dichterischen Kraft und dem Ernst dieser Auseinandersetzung mit dem herkömmlichen Judasbild den Respekt nicht versagen, auch wenn man dieser Interpretation in manchem nicht folgen will, wenn bzw. weil Bachs Passionen nicht im Sinne der Anklage anderer, sondern des »Ich bin's, ich sollte büßen« die eigenen innere Haltung mitgeformt haben. Lernen wird man, dass sich dieses »Ich bin's, ich sollte büßen« nicht nur darauf bezieht, dass jeder von uns zu solcher Tat fähig wäre, sondern auch den »Scheingerechten wie uns allen« vor Augen stehen, noch unsere Selbstdistanzierung von der Tat des Judas umgreifen muss. In jedem Fall gilt es festzuhalten:

Die Tat des Judas ist *nicht* die Tat *des* typischen Juden.

Abb. 13: Vézelay, St. Madeleine, Der Tod des Judas
(Oursel, Raymond, Lumières de Vézelay, la voie lactée 2,
o. O. 1993, S. 38)

Die Tat des Judas ist die Tat eines einzelnen, freilich eine Tat, zu der jedermann fähig ist. Einer selbstgerechten Verurteilung ist damit der Boden entzogen.

Erst recht können und sollen wir über das Schicksal des Judas im Endgericht keine Aussagen treffen. Die Darstellung in St. Madeleine in Vézelay (Abb. 13) sollte uns verstummen lassen. Wir stehen nicht über Judas, sondern mit ihm in der Situation, dass wir den guten Hirten (Joh 10) nötig haben.

»Richtet nicht, damit ihr nicht gerichtet werdet.« (Mt 7,1)

D. VERZEICHNISSE

1. Literaturverzeichnis

Spezialliteratur zu Judas

Gesamtdarstellungen

BÖTTRICH, CHRISTFRIED: Judas Iskarioth zwischen Historie und Legende, in: Gedenket an das Wort, FS W. Vogler, Leipzig 1999, 34–55.

BROWN, RAYMOND E.: The Death of the Messiah. From Gethsemane to the Grave. A Commentary on the passion Narratives in the Four Gospels, The Anchor Bible Reference Library, Vol. II, New York u. a. 1994, 1394–1418 (Exkurs Judas).

FENSKE, WOLFGANG: Brauchte Gott den Verräter? Die Gestalt des Judas in Theologie, Unterricht und Gottesdienst, Dienst am Wort 85, Göttingen 1999.

GOLDSCHMIDT, HERMANN LEVIN/LIMBECK, MEINRAD: Heilvoller Verrat? Judas im Neuen Testament. Mit einem Geleitwort von Anton Vögtle, Stuttgart 1976.

GOLDSCHMIDT, HERMANN LEVIN: Das Judasbild im Neuen Testament aus jüdischer Sicht, in: Goldschmidt, H. L./Limbeck, M. (s. o.), 9–36.

KLASSEN, WILLIAM: Judas. Betrayer or Friend of Jesus?, London 1996.

KLAUCK, HANS-JOSEF: Judas – ein Jünger des Herrn, QD 111, Freiburg 1987.

KLAUCK, HANS-JOSEF: Judas der ›Verräter‹? Eine exegetische und wirkungsgeschichtliche Studie, ANRW II 26,1, Berlin/New York 1992, 717–740.

LIMBECK, MEINRAD: Das Judasbild im Neuen Testament aus christlicher Sicht, in: Goldschmidt, H. L., Limbeck, M. (s. o.), 37–101.

LÜTHI, KURT: Art. Judas I. Das Judasbild vom Neuen Testament bis zur Gegenwart, in: TRE 17, 1986, 296–304.

LUZ, ULRICH: Das Evangelium nach Matthäus, 4. Teilband: Mt 26–28, Düsseldorf, Zürich, Neukirchen 2002, 245–263 (Exkurs Judas).

Maccoby, Hyam: Judas Iscariot and the Myth of Jewish Evil, New York u. a. 1992.

Paffenroth, Kim: Judas. Images of a Lost Disciple, Louisville, London 2001.

Schwarz, Günther: Jesus und Judas. Aramaistische Untersuchungen zur Jesus-Judas-Überlieferung der Evangelien und der Apostelgeschichte, BWANT 123, Stuttgart u. a. 1988.

Lapide, Pinchas E.: Verräter oder verraten? Judas in evangelischer und jüdischer Sicht, LuMo 16, 1977, 75–79.

Vogler, Werner: Judas Iskarioth. Untersuchungen zu Tradition und Redaktion von Texten des Neuen Testaments und außerkanonischer Schriften, ThA 42, Berlin 1983.

Zu geschichtlichen Fragen

Benoit, Pierre: Der Tod des Judas, in: Ders., Exegese und Theologie. Gesammelte Aufsätze, KBANT, Düsseldorf 1965, 167–181.

Cullmann, Oscar: Der zwölfte Apostel, in: Ders., Vorträge und Aufsätze 1925–1962 hg. v K. Fröhlich, Tübingen, Zürich 1966, 214–222.

Dibelius, Martin: Judas und der Judaskuß, in: Ders., Botschaft und Geschichte. Gesammelte Aufsätze I: Zur Evangelienforschung, Tübingen 1953, 272–277.

Gärtner, Bertil: Die rätselhaften Termini Nazoräer und Iskariot, Uppsala 1957.

Morin, J. Albrecht: Les deux derniers des Douze: Simon le Zélote et Judas Iskarioth, RB 80, 1973, 332–358.

Plath, Margarethe: Warum hat die urchristliche Gemeinde auf die Überlieferung der Judaserzählungen Wert gelegt?, ZNW 17, 1916, 178–188.

Schläger, G.: Die Ungeschichtlichkeit des Verräters Judas, ZNW 15, 1914, 50–59.

Torrey, Charles C., The Name »Iscariot«, HThR 31, 1943, 51–62.

Wrede, William: Judas Ischarioth in der urchristlichen Überlieferung, in: Ders., Vorträge und Studien, Tübingen 1907, 127–146.

Theologische Fragen

BJERG, SVEND: Judas als Stellvertreter des Satans, EvTh 52, 1992, 42–55.

GOLLWITZER, HELMUT: Krummes Holz – aufrechter Gang. Zur Frage nach dem Sinn des Lebens, München 1970.

GUARDINI, ROMANO: Der Herr, HTB 813, Freiburg (Breisgau) 1954.

LEPPING, NORBERT: Verdammt in alle Ewigkeit? Judas Iskariot und der alltägliche Verrat, KatBl 117, 1992, 465–471.

WAGNER, HARALD: Judas. Das Geheimnis der Sünde, menschliche Freiheit und Gottes Heilsplan, in: H. Wagner (Hg.), Judas Iskariot. Menschliches oder heilsgeschichtliches Drama?, Frankfurt (Main) 1985, 11–38.

WEHR, GERHARD: Judas Ischariot – unser schattenhaftes Ich, DtPfrBl 74, 1974, 146 f.

Judas in der Theologiegeschichte

BAMMEL, ERNST: Judas in der jüdischen Überlieferung, in: Ders., Judaica et Paulina. Kleine Schriften II, WUNT 91, Tübingen 1997, 23–33.

HAUGG, DONATUS: Judas Iskariot in den neutestamentlichen Berichten, Freiburg 1930.

LAEUCHLI, SAMUEL: Origen's Interpretation of Judas Iscariot, ChH 22, 1953, 253–268.

LEHMANN, PAUL: Judas Ischarioth in der lateinischen Legendenüberlieferung des Mittelalters, in: Erforschung des Mittelalters. Ausgewählte Abhandlungen und Aufsätze Bd. 2, Stuttgart 1959, 229–285.

LÜTHI, KURT: Judas Iskarioth in der Geschichte der Auslegung von der Reformation bis zur Gegenwart, Zürich 1955.

WIESENHÜTTER, ALFRED: Die Passion Christi in der Predigt des deutschen Protestantismus von Luther bis Zinzendorf, Berlin 1930.

Judas in der Kunstgeschichte

JURSCH, HANNA: Das Bild des Judas Ischarioth im Wandel der Zeiten, in: Akten des VII. internationalen Kongresses für Christliche Archäologie, Trier 1965, SAC 27, Rom 1969, 565–573.

Jursch, Hanna: Judas Ischarioth in der Kunst, WZ (J) 1952/53, 101–105.

Monstadt, Brigitte: Judas beim Abendmahl: Figurenkonstellation und Bedeutung in Darstellungen von Giotto bis Andrea del Sarto, Beiträge zur Kunstwissenschaft 57, München 1995.

Reichel, Andrea-Martina: Die Kleider der Passion. Für eine Ikonographie des Kostüms, Diss. phil. Berlin 1998.

Thümmel, Hans Georg: Judas Ischariot im Urteil der altkirchlichen Schriftsteller des Westens und in der frühchristlichen Kunst, Diss. Greifswald 1959.

Schiller, Gertrud: Ikonographie der christlichen Kunst, Bd. 2: Die Passion Christi, Gütersloh 1968.

Westerhoff-Sebald, Ingrid: Der moralisierte Judas. Mittelalterliche Legende, Typologie, Allegorie im Bild. Diss phil. Zürich 1996.

Judas in der Literatur

Darstellungen

Dieckmann, Bernhard: Judas als Sündenbock. Eine verhängnisvolle Geschichte von Angst und Vergeltung, München 1991.

Imbach, Josef: »Judas hat tausend Gesichter«. Zum Judasbild in der Gegenwartsliteratur, in: H. Wagner (Hg.), Judas Ischkariot, Menschliches oder heilsgeschichtliches Drama?, Frankfurt (Main) 1985, 91–142.

Krieg, Matthias/Zangger-Derron, Gabrielle: Judas. Ein literarisch-theologisches Lesebuch, Zürich 1996.

Krieg, Matthias: Schöner trauriger Judas. Typologie einer literarischen Figur, KuI 17, 2002, 76–85.

Kuschel, Karl-Josef: Jesus im Spiegel der Weltliteratur. Eine Jahrhundertbilanz in Texten und Einführungen, Düsseldorf 1999.

Langenhorst, Georg: Zeugen, Helfer und Täter – zu den Gestalten der Passionsgeschichte, in: H. Schmidinger (Hg.): Die Bibel in der deutschsprachigen Literatur des 20. Jahrhunderts, Bd. 2: Personen und Figuren, Mainz 1999, 504–524.

LANGENHORST, GEORG: Jesus ging nach Hollywood. Die Wiederentdeckung Jesu in Literatur und Film der Gegenwart, Düsseldorf 1998.

LIRON, HANNAH: Gegendarstellungen: Jesus und Judas als Romanfiguren, KuI 14, 1999, 148–160.

Einzelne Texte

BERTO, GIUSEPPE: La gloria, Milano 1978.

BULGAKOW, MICHAIL: Der Meister und Margarita: Aus dem Russischen von Thomas Reschke, Berlin 1994.

BUSTA, CHRISTINE: Späte Aufzeichnungen über Simon von Cyrene. Gedicht, in: Dies., Wenn du das Wappen der Liebe malst, Salzburg 1981, 93.

DREWITZ, INGEBORG: Judas Ischarioth, in: Karl-Josef Kuschel (Hg.), Der andere Jesus (SP 625), München 1987, 167–169.

DREWITZ, INGEBORG: Judas Ischariot, in: Dies., Die Samtvorhänge. Erzählungen, Szenen, Berichte, Gütersloh 1978, 8–10.

JENS, WALTER: Der Fall Judas, Stuttgart 1975.

MAIWALD, PETER: Judas-Versionen, in: Frankfurter Allgemeine Zeitung 7. 6. 1984.

MARTI, KURT: abendland, in: Ders., abendland. Gedichte (1980), Hamburg/Zürich 1993, 18.

POMILIO, MARIO: Das fünfte Evangelium. Roman, 2. Aufl. Salzburg 1977.

REDING, JOSEF: Wer betet für Judas?, in: Nennt mich nicht Nigger. Kurzgeschichten aus zwei Jahrzehnten, Recklinghausen 1978, 117–122.

RINSER, LUISE: Mirjam, FTB 5180, Frankfurt (Main) 1987.

ROSENTHAL FRITZ: Judas Ischariot, in: Ders., Das Mal der Sendung, München 1935, 68 f.

SCHNURRE, WOLFDIETRICH: Der Unschlüssige, in: Ders., Gelernt ist gelernt: Gesellenstücke, Berlin 1984, 200.

SPITTELER CARL: Das Testament des Judas Ischariot, in: Literarische Gleichnisse, Zürich 1945, 23 f.

STERNHEIM, CARL: Judas Ischarioth. Die Tragödie vom Verrat (1901), in: Ders., Gesamtwerk 7, hg. v. W. Emrich, Neuwied/Berlin 1967, 65–127.

Von der Gabelenz, Georg: Judas. Drama in drei Akten, Leipzig 1911.

Weitere exegetische Literatur

Barrett, Charles Kingsley: A Critical and Exegetical Commentary on the Acts of the Apostles, Vol. I, Preliminary Introduction and Commentary on Acts I–XIV, ICC, Edinburgh 1994.

Baumbach, Günther, Judas – Jünger und Verräter Jesu, ZdZ 17, 1963, 91–98.

Baumbach, Günther: Das Verständnis des Bösen in den synoptischen Evangelien, ThA 19, Berlin 1963.

Becker, Jürgen: Das Evangelium nach Johannes, ÖTK 4/1.2, Gütersloh, Würzburg [3]1991.

Brown, Raymond E.: The Gospel According to John (xiii–xxi), AncB 29 A, Garden City, New York 1970.

Bultmann, Rudolf: Das Evangelium des Johannes, KEK II, Göttingen [10]1941 = [16]1959.

Conzelmann, Hans: Die Apostelgeschichte erklärt, HNT 7, Tübingen 1963.

Dorn, Klaus: Judas Iskariot, einer der Zwölf. Der Judas der Evangelien unter der Perspektive der Rede von den zwölf Zeugen der Auferstehung in 1Kor 15,3b–5, in: H. Wagner (Hg.), Judas, Menschliches oder heilsgeschichtliches Drama?, Frankfurt (Main) 1985, 39–89.

Eisen, Ute E.: Amtsträgerinnen im frühen Christentum. Epigraphische und literarische Studien, FKDG 61, Göttingen 1996.

Ernst, Josef: Das Evangelium nach Lukas übersetzt und erklärt, RNT 3, Regensburg [6]1993.

Fitzmyer, Joseph A.: The Gospel according to Luke. Introduction, Translation, and Notes, Vol I, Luke I–IX, AncB 28, 2Garden City, New York 1983, Vol II, Luke X–XXIV, AncB 28a, Garden City, New York 1983.

Gnilka, Joachim: Johannesevangelium. NEB NT 1, Würzburg 1983.

Holtz, Traugott: Untersuchungen über die alttestamentlichen Zitate bei Lukas, TU 104, Berlin 1968.

HORST, PIETER WILLEM VAN DER: A Note on the Judas Curse in Early Christian Inscriptions, in: Hellenism – Judaism – Christianity. Essays on their Interaction, Contributions to Biblical exegesis and Theology 8, Kampen 1994, 146–150.

JERVELL, JACOB: Die Apostelgeschichte, KEK 3, [17.] = [1]Göttingen 1998.

KLAUSNER, JOSEPH: Jesus von Nazareth, Berlin [2]1934.

LÜHRMANN, DIETER: Das Markusevangelium, HNT 3, Tübingen 1987.

McLEAN, BRADLEY: A Christian Epitaph: The course of Judas Iscariot, OCP 58, 1992, 241–244.

MEISER, MARTIN: Die Reaktion des Volkes auf Jesus. Eine redaktionskritische Untersuchung zu den synoptischen Evangelien, BZNW 96, Berlin/New York 1998.

MORRIS, LEON: The Gospel according to John. The English Text with Introduction, Exposition and Notes, NICNT, Grand Rapids 1971 = [4]1977.

MÜLLER, KARLHEINZ: Möglichkeit und Vollzug jüdischer Kapitalgerichtsbarkeit im Prozeß gegen Jesus von Nazaret, in: K. Kertelge (Hg.), Der Prozeß gegen Jesus. Historische Rückfrage und theologische Deutung, QD 112, Freiburg/Basel/Wien 1988, 41–83.

NORTJÉ, L. (Vorname nicht zu ermitteln): Matthew's motive for the composition of the story of Judas's suicide in Matthew 27:3–10, in: Neotestamentica 28, 1994, 41–51.

PESCH, RUDOLF: Die Apostelgeschichte, Bd. I (Apg 1–12), EKK V/1, Zürich/Einsiedeln/Köln 1986.

ROLOFF, JÜRGEN: Die Apostelgeschichte, NTD 5, Göttingen 1981.

RUPPERT, LOTHAR: Jesus als der leidende Gerechte? Der Weg Jesu im Lichte eines alt- und zwischentestamentlichen Motivs, SBS 59, Stuttgart 1972.

SCHMID, JOSEF: Das Evangelium nach Matthäus übersetzt und erklärt, RNT 1, Regensburg [4]1959.

SCHMITHALS, WALTER: Das kirchliche Apostelamt. Eine historische Untersuchung, FRLANT 79, Göttingen 1961.

SCHNACKENBURG, RUDOLF: Das Johannesevangelium, Bd. 2, Kommentar zu Kap. 5–12, HThK 4/2, Freiburg 1971, Bd. 3, Kommentar zu Kap. 13–21, HThK 4/3, Freiburg 1975.

SCHNEIDER, GERHARD: Die Apostelgeschichte. 1. Teil: Einleitung. Kommentar zu Kap. 1,1–8,40, HThK V/1, Freiburg, Basel, Wien, 1980.

SCHNEIDER, GERHARD: Das Evangelium nach Lukas, ÖTK 3/1–2, Gütersloh, Würzburg 1977.

SCHNELLE, UDO: Das Evangelium nach Johannes, ThHK 4, Leipzig 1998.

SCHWEIZER, EDUARD: Das Evangelium nach Lukas, NTD 3, Göttingen 1982.

SCHWEIZER, EDUARD: Das Evangelium nach Markus, NTD 1, Göttingen [6]1984.

THYEN, HARTWIG: Art. Johannesevangelium, TRE 17, 1988, 200–225.

WEISER, ALFONS: Die Apostelgeschichte, Bd. 1, Kapitel 1–12, ÖTK 5/1, GTB 507, Gütersloh/Würzburg 1981.

WICK, PETER: Judas als Prophet wider Willen. Mt 27,3–10 als Midrasch, ThZ 57, 2001, 26–35.

WIEFEL, WOLFGANG: Das Evangelium nach Lukas, ThHK NT 3, Berlin 1987.

WIEFEL, WOLFGANG: Das Evangelium nach Matthäus, ThHK 1, Leipzig 1998.

2. ABBILDUNGSVERZEICHNIS

Abb. 1: Andrea del Sarto, Abendmahl, Florenz, S. Salvi, Refektorium, (Padovani, Serena, Meloni Trkulja, Silvia, Il cenacolo di Andrea del Sarto a San Salvi. Guida del Museo, Firenze 1982, pl. 22).

Abb. 2: Pietro Lorenzetti, Einzug Jesu in Jerusalem (B. Monstadt, Judas, Abb. 45).

Abb. 3: Taddeo Gaddi, Salbung in Bethanien, Florenz, S. Croce, Refektorium (Ladis, Andreas, Taddeo Gaddi. Critical Reappraisal and Catalogue Raisonné, Columbia/London 1982. pl. 6).

Abb. 4: Lippo Memmi (?), Judaspakt, S. Gimignano, Collegiata, (B. Monstadt, Judas, Abb. 39).

Abb. 5: Giotto di Bondone, Judaspakt, Padua, Arenakapelle (B. Monstadt, Judas, Abb. 10).

Abb. 6: Biblia pauperum, München, Bayerische Staatsbibliothek, clm 19414, fol. 161r, Bezeichnung des Verräters (G. Schiller, Ikonographie II, S. 338 Abb. 91).

Abb. 7: Judaskuß, St. Apollinare nuovo (Ravenna), entstanden 520–526 (G. Schiller, Ikonographie II, S. 367 Abb. 158).

Abb. 8: Dom zu Benevent, Bronzerelief, Ende 12. Jh.: Die Rückgabe der Silberlinge (G. Schiller, Ikonographie II, S. 419 Abb. 277).

Abb. 9: G. Schiller, Ikonographie II, S. 438 Abb. 323.

Abb. 10 Giotto di Bondone: Erhängter Judas, desperatio und invidia (B. Monstadt, Judas, Abb. 16–18).

Abb. 11: Luz, Ulrich, Matthäus (s. o.), 242.

Abb. 12 Schubert, Ernst, Der Naumburger Dom. Mit Fotografien von Janos Stekovics, Halle 1997, 143.

Abb. 13: Oursel, Raymond, Lumières de Vézelay, la voie lactée 2, o. O. 1993, S. 38.

BIBLISCHE GESTALTEN

Georg Hentschel
Saul
Schuld, Reue und Tragik eines „Gesalbten"
BG 7, 2003, 244 Seiten, ISBN 3-374-02044-5

Andreas Kunz-Lübcke
Salomo
Von der Weisheit eines Frauenliebhabers
BG 8, 2004, 312 Seiten, ISBN 3-374-02185-9

Eckart Reinmuth
Paulus
Gott neu denken
BG 9, 2004, 264 Seiten, ISBN 3-374-02184-0

Martin Meiser
Judas Iskariot
Einer von uns
BG 10, 2004, 200 Seiten, ISBN 3-374-02215-4